产业发展与环境治理研究论丛

中国企业海外投资的风险管理和政策研究

沈华　史为夷　著

商务印书馆
创于1897　The Commercial Press
2017年·北京

图书在版编目（CIP）数据

中国企业海外投资的风险管理和政策研究 / 沈华，史为夷著. — 北京：商务印书馆，2017
（产业发展与环境治理研究论丛）
ISBN 978-7-100-13984-7

Ⅰ. ①中… Ⅱ. ①沈… ②史… Ⅲ. ①企业—海外投资—风险管理—研究—中国②企业—海外投资—质效政策—研究—中国 Ⅳ. ①F279.23

中国版本图书馆CIP数据核字（2017）第099341号

（产业发展与环境治理研究论丛）
中国企业海外投资的风险管理和政策研究
沈华　史为夷　著

商 务 印 书 馆 出 版
（北京王府井大街36号　邮政编码 100710）
商 务 印 书 馆 发 行
三河市尚艺印装有限公司印刷
ISBN 978-7-100-13984-7

2017年9月第1版　　开本 710×1000　1/16
2017年9月第1次印刷　　印张 9 1/2

定价：40.00元

CIDEG 研究论丛编委会

总　序

作为“产业发展与环境治理研究论丛”的主编，我们首先要说明编撰这套丛书的来龙去脉。这套丛书是清华大学产业发展与环境治理研究中心（Center for Industrial Development and Environmental Governance，CIDEG）的标志性出版物。这个中心成立于2005年9月，得到了日本丰田汽车公司的资金支持。

在清华大学公共管理学院设立这样一个公共政策研究中心主要是基于以下思考：由于全球化和技术进步，世界变得越来越复杂，很多问题，比如能源、环境、健康等，不光局限在相应的科学领域，还需要其他学科的研究者参与进来，比如经济学、政治学、法学以及工程研究等，进行跨学科的研究。参加者不应仅仅来自学术机构和学校，也应有政府和企业。我们需要不同学科学者相互对话的平台。而CIDEG正好可以发挥这种平台作用。CIDEG的目标是致力于在中国转型过程中以“制度变革与协调发展”、“资源与能源约束下的可持续发展”和“产业组织、监管及政策”为重点开展研究活动，为的是提高中国公共政策与治理研究与教育水平，促进学术界、产业界、非政府组织及政府部门之间的沟通、学习和协调。

中国的改革开放已经有30多年的历程，它所取得的成就令世人瞩目，为全世界的经济增长贡献了力量。但是，近年来，中国经济发展也面临着诸多挑战：如资源约束和环境制约；腐败对经济发展造成的危害；改革滞后的金融服务体系；自主创新能力与科技全球化的矛盾，以及为构建一个和谐社会所必须面对的来自教育、环境、社会保障和医疗卫生等方面的冲突。这些挑战和冲突正是CIDEG开展的重点研究方向。

为此，CIDEG专门设立了重大研究项目，邀请相关领域的知名专家和学者担任项目负责人，并提供相对充裕的资金和条件，鼓励研究者对这些问题进行深入细致，独立客观的原创性研究。CIDEG期望这些研究是本着自由和严谨的学术精神，对当前重大的政策问题和理论问题给出有价值和独特视角的回答。

CIDEG 理事会和学术委员会设立联席会议，对重大研究项目的选题和立项进行严格筛选，并认真评议研究成果的理论价值和实践意义。本丛书编委会亦由 CIDEG 理事和学术委员组成。我们会陆续选择适当的重大项目成果编入论丛。为此，我们感谢提供选题的 CIDEG 理事和学术委员，以及入选书籍的作者、评委和编辑们。

目前，“产业发展与环境治理研究论丛”已经出版的专著包括《中国车用能源战略研究》、《城镇化过程中的环境政策实践：日本的经验教训》、《中国土地制度改革：难点、突破与政策组合》、《中国县级财政研究：1994—2006》、《寻租与中国产业发展》、《中国环境监管体制研究》、《中国生产者服务业发展与制造业升级》、《中国应对全球气候变化》、《构建全面健康社会》等。这些专著国际化的视野、独特的视角、深入扎实的研究、跨学科的研究方法、规范的实证分析等，得到了广大专业读者的好评，对传播产业发展、环境治理和制度变迁等方面的重要研究成果起到了很好的作用。我们相信，随着“产业发展与环境治理研究论丛”中更多著作的出版，CIDEG 能够为广大专业读者提供更多、更好的启发，也能够为中国公共政策的科学化和民主化做出贡献。

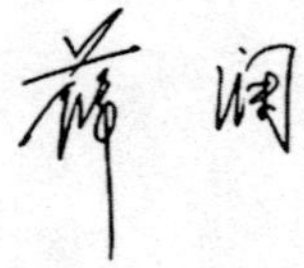

产业发展与环境治理研究中心主任

清华大学公共管理学院院长

2014 年 5 月

目录

第一章
中国企业“走出去”的十年

1.1 趋势与现状

近年来发展中国家越来越多地向海外直接投资，已在世界经济中起到了举足轻重的作用。2012年，31%的对外投资来源于发展中国家，其中中国资本独占鳌头，成为继美国和日本之后的第三大投资输出国（UNCTAD，2013）。21世纪初，中国正式提出“走出去”国策之后，中国企业对外投资并购即呈现高速增长的态势。从2004年到2009年，中国累计对外投资额由449亿美元增加到2460亿美元，短短五年便累计增长445%。[①]即便是在全球外国直接投资流出流量较上年下降17%的背景下，2012年中国对外直接投资创下流量878亿美元的历史新高，首次成为世界三大对外投资国之一。

中国的走出去战略，一方面是积极应对经济全球化的策略，同时，也是国内结构调整的迫切要求（江小涓，2001）。在这一内外需求压力下，实施“走出去”国策的十多年以来，中国对外投资合作取得较快发展，大项目数量增多，而且领域广泛、方式多样，“走出去”的规模和效益进一步提升，对国民经济和社会发展的贡献不断增大。

对外投资规模和地域范围不断扩大，保持快速发展。即使在受到国际金融危机严重影响的形势下，我国对外直接投资仍保持了稳步增长，为促进国民经济平稳较快发展发挥了积极作用。据商务部统计，2012年，我国企业累计实现非金融类直接投资772.2亿美元，同比增长28.6%，其中股本投资和其他投

---

① 新华网，http://news.xinhuanet.com/world/2011-08/14/c_121856932.htm，2011年8月10日。

资628.2亿美元，占81.4%，利润再投资144亿美元，占18.6%。[①]境内投资者共对全球141个国家和地区的4425家境外企业进行了直接投资，分布在全球179个国家（地区），地区覆盖率达到76.8%。

投资行业分布广泛，门类齐全，投资相对集中。2012年末，中国对外直接投资覆盖了国民经济所有行业类别，其中存量超过100亿美元的行业包括租赁和商务服务业、金融业、采矿业、批发和零售业、制造业、交通运输业/仓储和邮政业、建筑业，上述七个行业累计投资存量4913亿美元，占我国对外直接投资存量总额的92.4%。[②]

投资方式不断创新。对外投资合作由单个项目建设逐步向区域化、集群式模式稳步发展。境外经贸合作区建设取得阶段性进展。跨国并购成为对外投资新亮点，中国企业共实施对外投资并购项目457个，实际交易金额434亿美元，两者均创历史之最。其中，直接投资276亿美元，占63.6%，并购领域以采矿业、制造业、电力生产和供应业为主。

中国跨国公司实力不断增强。2012年，共有69家中国内地企业入选《财富》杂志世界500强企业。华为、联想、海尔等企业初具跨国公司规模。有61家中国企业入选了美国ENR国际承包工程商225强。

1.2 研究问题

中国企业“走出去”战略实施十多年来，暴露出的问题也日益突出。2000年以来接连曝出中国企业海外经营遭遇重大损失的事件，无不折射出我国企业海外经营风险意识薄弱、风险管控欠缺，为“走出去”的中国企业再次敲响了警钟。

中国企业目前在海外投资已进入了风险高发阶段，对海外风险的控制与

---

① 《2012年我国非金融类对外直接投资简明统计》，http://hzs.mofcom.gov.cn/article/date/201301/20130100006028.shtml，2014年3月24日。

② 中华人民共和国商务部、中华人民共和国国家统计局、国家外汇管理局：《2012年度中国对外直接投资统计公报》，中国统计出版社2013年版。

管理也已成为近年来政策界最热议的话题之一。例如，媒体对中国企业尤其是央企在外亏损提出质疑，大笔外汇是不是打了水漂？中国员工在海外缺乏保障，如何避免再次发生员工的侵权暴力事件；虽有雄厚资金，中国企业如何打破“国家安全”的魔咒？这种种问题，哪些是必要的学费，随着企业经验的积累会好转？哪些反映了中国“走出去”政策机制中更深层的问题，造成激励错位？哪些又是当今世界格局地缘政治的必然？这些都成为当今中国企业“走出去”政策设计中必须考虑的问题。

中国企业对于海外能源资源和基础设施投资热情高涨，但在走出去的过程中却频频遭遇投资失败，造成了很大损失。2003年下半年起，中航油违规越权进行石油指数期货交易，亏损5.5亿美元[①]；2005年，中海油投资优尼科失败[②]；2009年底，中国中化集团公司在境外开发的6个油气田项目中有3个未能达到预期盈利标准，累计亏损1526.62万美元[③]；2011年中，中国铝业集团公司终止了与澳大利亚昆士兰政府探讨多时的奥鲁昆铝土项目，预计损失3.4亿人民币[④]；2010年6月，中国中钢集团公司决定全面暂停在澳大利亚的Weld Range铁矿石项目，损失未公布[⑤]；2011年2月起，利比亚政局发生了严重的突发性震荡，大大影响了在当地进行投资建设的中国企业，当时50个在建大型项目总计金额188亿美元，有很多项目被迫搁浅。[⑥]

这一系列问题一方面暴露出企业对外投资在投资决策和风险管理上都存在漏洞，另一方面也说明我国对外投资政策设计在引导投资、防范风险方面仍存在一定的改进空间。企业海外投资迫切需要完善投资决策机制，有效识别、防

---

① 新浪财经：《中航油事件始末》，http://finance.sina.com.cn/stock/othermarket/20041207/ 07251206186.shtml，2004年12月7日。

② 新浪财经：《中海油竞购优尼科》，http://finance.sina.com.cn/nz/lnzhyykn/。

③ 罗旭：《审计署披露中化集团3个海外油气田项目亏损1500多万美元》，http://news.ifeng.com/gundong/detail_2011_05/23/6561797_0.shtml?_from_ralated，2011年5月23日。

④ 张奕：《中铝澳洲铝土矿项目开发告吹可能损失3.4亿元》，http://finance.qq.com/a/20110705/000786.htm，2011年7月5日。

⑤ 何丽：《中钢叫停澳洲铁矿石项目》，http://www.ftchinese.com/story/001039269，2011年6月24日。

⑥ 南方周末：《央企百亿项目搁浅利比亚》，http://www.infzm.com/content/56729，2011年3月23日。

范、管理投资风险；同时政府需要建立起合理有效的激励机制，完善对外投资支持政策，以应对投资失败导致的国有资产流失。

本研究选取激励机制的分析视角，研究中国制度环境中影响企业海外投资风险的因素，探索如何通过政策设计实现有效的风险控制。中国企业“走出去”的一大特点是国有企业与民营企业并重。2012 年，中国非金融类对外总投资额 777.3 亿美元，其中国企占 46.4%。[①]我们有必要对这两种资本分别进行阐述，分析国有企业与民营企业面临的风险差异，两者的互动关系，以及两者面临的不同激励机制。只有明晰了这些激励机制，才有可能在政策设计中避免激励错位，达到预定的政策效果，使中国企业在“走出去”的道路上越走越稳。

1.3 研究意义

本研究无论在理论和政策层面上都有着重要意义。在理论层面，中国企业“走出去”的特定模式为验证并丰富新古典学派中国际投资的理论假说提供了拓展性案例。由于对外投资过去一贯由发达国家主导，如今的国际投资理论学说也都建立在对发达国家企业行为规律的认知之上。模型的基本假设都是企业个体营利的最大化，对风险的控制只是作为内化的企业行为，而不考虑本国外部治理结构对企业的影响（Melitz 2003，Helpman et al.，2002 等）。这样的模型对于完全市场化的经济体是适用的，但是否仍能适用于在政府起主导作用的市场经济环境下大批走出去的中国企业呢？Buckley 等对中国企业 1984—2001 年对外直接投资数据的研究表明，中国的对外直接投资与东道国的政治风险和文化相近性有很强的关系，需要特殊的理论来解释中国跨国企业的行为（Buckley et al.，2007）。本研究通过研究中国制度环境对企业海外投资风险的影响，致力于对当前学术理论框架的延伸。

① 中华人民共和国商务部、中华人民共和国国家统计局、国家外汇管理局：《2012 年度中国对外直接投资统计公报》，中国统计出版社 2013 年版，第 13 页。

从政策层面来看，中国企业走出去的步伐越迈越大，对个中问题进行深入严谨的分析总结已迫在眉睫。中国国际投资高风险在受到普遍关注的同时，却鲜有对其深层次原因的分析。“走出去”政策实施十多年以来，对中国企业海外投资的影响体现在哪些方面，是否推高了中国企业的风险倾向，是否对国有企业与民营企业产生了差异化效应，这些问题都有待进一步的论证。目前，无论是官方或民间，对支持民企走出去的政策倾斜呼声日益高涨。在“走出去”政策的下一阶段，民企的力量无疑会继续增强。本课题对国有与民营资本互动的研究是有前瞻性的。充分认识两种资本在我国“走出去”进程中的联系与区别，对我国下一阶段的“走出去”政策设计有着重要意义。同时，也只有更好的识别走出去政策对两者的差异化影响，才能更好地识别和使用激励机制，实现对风险的控制。

从数据层面来看，中国企业走出去研究缺失企业层面的微观数据。目前，数据来源只有每年由商务部、国家统计局、国家外汇管理局联合发布的《中国对外直接投资统计公报》（2003 年首次发布）[①] 和国际组织以及咨询机构公报（如 UNCTAD 的国际投资报告）。这些报告都只能体现企业走出去的宏观趋势，并不能告诉我们这些趋势背后的驱动机制。对于政策制定者来说，并不能从中准确了解企业到这些国家投资的动机和投资方式，以及投资过程中遇到的困难，因此参考意义不大。由于缺少这些基本数据，我们无法清晰勾勒出中国企业对外投资的完整图像，更无法回答许多基本的问题。清华大学产业发展与环境治理研究中心（Center for Industrial Development and Environmental Governance，以下简称 CIDEG）和贸促会联合进行的“中国企业对外投资问卷调查”是国内为数不多专注于企业对外投资的问卷调查。通过这些微观数据，我们能更多了解到企业走出去的因果机制。所得的原创数据对理论发展和政策制定都很有意义。

① 王碧珺（2013）利用企业层面 1500 多个中国对外投资项目信息，对相关官方数据的误读进行了详细的说明。

从研究方法来看，我们采用多种定量定性方法相结合的方式。在大样本微观数据数理分析的同时，采用文本研究和归纳的方式梳理了现行政策，并进行了案例研究。目前我国走出去研究最多的就是案例，但是这些案例的选取标准往往不明确，受到媒体报道的影响较大，媒体报道多了就成了重点案例，因此很难保证案例的代表性和普遍性。同时，目前案例研究的选取往往有依据因变量进行选择的不足，也就是说，从已经失败的例子分析失败，从已经成功的例子来分析成功，这种方法并不能确定导致成功与失败的因果机制。本课题在案例的科学选取方面也有所突破。

1.4 结构安排

本书的第二章主要考察了企业对外直接投资的主要理论，以及本书的逻辑框架，并对所用的研究方法和数据采集过程进行了详细说明。首先梳理了影响现有企业投资决策的政策，系统回顾国外直接投资与政策风险的国内外研究，同时分析了国别风险多重性和风险管理的相关研究。随后，就本书的问卷调查主体、调查范围及其抽样方法进行了说明。

第三章分析了我国企业走出去的现状。通过将宏观数据与问卷调查数据的对比，证实了问卷数据的代表性。随后对国有企业与民营企业的基本情况进行了描述性的比较分析。

第四章首先考察了我国对外投资的管理体制及其政策演变过程，分析了现行境外投资政策对企业激励机制的影响。其次，对国有企业与民营企业的风险管理规范进行了比较分析，从政策目标、行政监管和治理结构的视角初步说明了两者所面临的差异化环境，及其内在行为动机。

第五章分析了我国企业的风险激励机制和风险倾向，考察了国有企业和民营企业在不同政策导向下的行为差异。

第六章验证了国别风险对中国企业的意义。中国企业认知是否与国际权威机构的判断相吻合，不同目的国中走出去企业在所面临的风险差异等都将在本章中进行探讨。

第七章考察了激励机制和资源局限共同作用下，企业的风险管理差异，从企业自身和政府行为的视角说明走出去过程中的企业风险管理行为。

第八章结合前面各章节的分析，从政策设计的视角给出了中国企业走出去政策的改革取向。

第二章
理论和分析框架

对企业走出去的理论研究由来已久，主要集中于国际商务和国际经济学领域，如20世纪90年代以邓宁国际生产折中理论为代表的对外直接投资理论等。但针对政策和环境对企业行为，尤其是对发展中国家跨国企业海外投资的风险认知和风险管理行为的影响研究直至近期才受到重视。本部分将围绕研究问题，从政府政策与企业风险行为相关性的视角，总结已有企业走出去风险研究的主要观点和结论，提出研究假设。

2.1 基本概念与相关理论

首先要说明企业层面对风险的理解主要有两种，一种是从财务的角度，对风险和不确定性不做严格区分，如Reeb等从资金流的角度对跨国企业系统风险的研究（Reeb et al.，1998）；另一种实际上是指风险的来源，这种理解将企业层面的不可预测性与某种不确定的环境要素相联系。本研究中主要是后一种。

企业对外投资的风险管理包括两个连续的过程，首先是企业根据可获取信息判断政治风险或是国别风险，而后根据判断结果以及制约因素，形成对外直接投资的风险决策。决策过程中的影响因素包含国内的政策制度以及企业自身的经济基础、发展战略等。企业对外直接投资的环境可以分为四类，即东道国环境、母国环境、国际环境和全球环境（Simon，1984），其中后两者属于不可控的系统风险。针对这些因素，形成了对外投资模式选择的四个理论视角，分别是资源基础论、产业基础论、制度基础论和异质性企业理论视角（李国学，

2013）。因此，本部分主要针对东道国环境、母国环境以及政策影响等三部分内容，对现有研究及相关判断进行系统梳理。

2.1.1 母国政策对企业投资决策影响

母国的投资政策是如何影响企业走出去的决策制定与风险管理的，这是一个需要进一步实证的问题。投资政策对 FDI 决策的影响一方面是通过市场，另一方面，母国投资管理的体制机制也会对企业投资决策产生影响。

从企业层面来看，通过影响市场而影响企业 FDI 投资决策的政策因素是多样的（Brewer，1993）。发展中国家企业海外投资的动机归纳为资源需求型、市场寻求型、效率寻求型和全球战略型以及获取技术型。然而，不同于传统基于发达国家的直接投资理论，发展中国家的对外直接投资，不仅需要考虑经济因素，如学习经验、提升技术能力来实现赶超的过程等，还需要经常考虑多种非经济因素，投资行为需要满足国家利益动态最大化的需求（李敬等，2006；Ozawa，1992），如中国在非洲的资源需求型海外投资就受到了国家战略利益的驱动（张娟等，2012）。政府的介入改变了企业进行博弈的初始条件，增强了发展中国家以 FDI 为手段的竞争策略的作用和效果。有研究将近年来中国非金融类对外直接投资在一些高政治风险国家的迅速增长归结为企业独特的国际竞争力优势、部分企业的盲目投资，以及东道国战略性自然资源相对丰裕度对本国政治风险的“屏蔽”效应（韦军亮、陈漪高，2009）。

中国特殊的政策和制定因素，使得政府行为虽然不能从本质上决定企业的投资行为，但可以在一定程度上影响企业的投资决策（梁若冰，2006）。中国政府对海外投资的支持和服务体系、监管体系、扶持政策构成中国对外直接投资的政策要素，是中国企业进行海外投资的国家特定优势，中国企业跨国投资的特性取决于公共政策和企业对公共政策的反应，但政府对国有企业的职能越位、对民营企业的职能缺位一直受到各种批判（裴长洪等，2010；胡拥军，2011）。中国的制度因素使得企业海外投资呈现央企规模大、国企多、沿海地区企业多、中小企业少、民营企业少、中西部企业少的特点。但这样的影响对国有企业与民营企业是否产生了同样的作用，仍是一个需要实证检验的问题。

从研究内容来看，多数现有的研究将中国对外直接投资政策和对外投资企业分别作为两大整体进行分析，但对于两者之间互动的机理，以及具体政策内容对不同类型企业的影响缺少深入分析。由于多数研究采用了宏观层面的数据，缺少对企业微观分析，因此研究结论可能对中国对外直接投资政策走向具有一定的指导意义，但仍无法对改进激励机制提供具体的政策建议。同时也无法理清国有企业和民营企业的差异。

2.1.2 对外直接投资与政治风险[①]

政治风险是企业面临宏观风险中的重要组成部分，是对外投资决策的考虑因素之一，直接影响企业对外直接投资决策（Aharoni，1966）。当一个企业决定进行对外直接投资时，就已暴露于政治风险中（Alon，Herbert，2009）。政治风险研究的主题广泛涉及国家利益、国家认同、国家失败以及政治系统等，概括起来主要包括两方面的含义，一是根据政府或主权的干预行动来定义，如东道国政府的政治活动对企业的影响，表现为没收、干扰商业行为等；二是将政治风险等同于任何强加给企业的政治事件，如恐怖主义等。两者之间共同点在于承认政治风险源于政府行为，会导致企业经营行为的中断，并且具有不可预期性。也有人划分了微观政治风险和宏观政治风险，认为前者是影响某个产业、企业或是项目的风险，而后者更多的是一种系统风险的概念，是影响所有产业、企业或是项目的风险。两者之间会存在一定的重叠，共享部分影响因素，如企业的国别、所属产业和特定情境。

企业投资决策需要考虑收益和风险之间的权衡，在给定预期收益下，企业会选择最小化风险（Aker，Jacobson，1987）。不同区域和国家有差异化的

① 政治风险、国家风险以及主权风险之间的概念与划分存在一定的争论。国家风险最初起源于国际银行的跨境业务（钞鹏，2012），而且国家风险评估的应用对象多数为金融机构。而主权风险是指国家间关系恶化或东道国发生政治经济混乱而冻结外国公司资产或使资产难以调回的风险，因此是属于国家风险的一部分。国别风险主要是投资环境中的一种，但决定和影响投资决策的各种因素之间会相互影响。由于本文是对我国企业对外直接投资认知和管理的研究，考察企业对环境风险的综合认知，因此没有严格区分政治风险和国家风险，并认为主权风险从属于国家风险。

政治、经济、安全等风险和挑战，企业会谨慎选择投资国别、进入模式、企业应对投资风险与国际竞争的策略。同时，企业投资决策还受到投资类型、市场导向、投资规模、地理位置、投资年限以及产品类型等多重因素的影响（Rolfe et al.，1993）。吸引企业进行海外投资的因素也可能成为影响企业安全运营的风险因素。同时，国外环境的有限可控性也会影响企业的经营绩效。这些因素是多个分散化、非独立的风险源，企业在识别组成成分后，需要通过解决多准则问题来形成对风险的全面评估（Chevalier，Hirsch，1981）。

企业投资决策过程中对政治风险的判断存在一定局限，原因在于政治风险现象本身涵盖范围的模糊性、认知过程与决策过程的不同步以及实证研究中诸多的差异性（Kobrin，1979）。同时，由于不同企业面临的产业环境、区域环境、政治环境以及自身条件存在很大差异，因此在对风险进行判断时会存在诸多不确定性。有研究认为政治风险和透明度会对企业的价值产生负面影响（Kobrin，1979；Kyaw，Manley，Shetty，2011），但是也有研究认为政治风险与FDI之间的关系是模糊的，比如Schneider和Frey（1985）的研究认为，由于1985年前有关政治因素于FDI关系的研究存在变量选择缺乏理论依据，统计计量方法过于复杂和难以解释等缺陷，因此两者之间是否存在影响并没有确切的结论。Butler和Joaquin（1998）用投资组合理论中的分散化和非分散化矛盾，分析了政治风险对跨国公司投资回报率和资金成本的影响，认为某一特定政治风险是否会影响跨国公司的价值，依赖于该风险是否和投资者相关的市场组合有关。

更有研究认为，FDI不会受到政治因素的影响，如Green（1972）和Dunning（1981）的相关研究。对于这一观点，Amstrong（2011）在测量中国FDI效应时认为，东道国的话语权和问责权以及政治稳定性不会影响FDI效应。张雨和戴翔（2013）采用2005—2010年中国企业对外投资的面板数据，检验认为东道国政治风险对我国企业没有产生显著负面影响。政府风险会影响企业的风险管理行为，但如何进行评估？已经形成的理论对这一点仍颇具争议。Simon（1984）分析了政治风险理论发展的主要障碍，关注不同环境对风险的形成以及该过程中各参与者相关关系的影响，认为对政治风险是否能成为理论的质疑来自其概念的主观性，难以用系统的量化分析来衡量，企业决策由于时间约束难以做出系统的跨国分析，以及研究的跨学科特征。然而，对于进行对外投资的跨国公司来说，更为实用的是风险认知的结果，即以绝对或是相对分值形式呈现的政治风险，从而做出是否投资、在哪里投资的决策判断。因此，评估结果对企业来说更为直观可用。

在应对政治风险的措施方面，国家层面抵御政治风险的国际投资条例包括世界银行集团（国家金融公司，国际投资纠纷调解中心，多边投资保证机构）、多边协议、投资保护的双边协议和政府投资保证项目（Lizenziatenarbeit，1998）。在投资国环境方面，企业在当地的行为方式，与社会政治市场的关系也是考虑重点，如与本地企业、商业的关系会直接影响企业所面临的风险，必须注重合法性、承诺和信任（Hadjikhani et al.，2008），而 FDI 位置、进入模式、企业规模和生产网络的特点都会影响本地连接强度 (Chen et al.，2004)。企业本身的规模大小、股权结构是否会影响企业走出去风险判断，是一个有待实证检验的问题。更多研究认为相对于大规模企业，小规模企业对失败的风险更为敏感（Kuo，Li，2003）。①

综上所述，从现有对政治风险的研究来看，宏观政治风险研究较多，但对微观政治风险的研究较少，原因可能在于微观层面政治风险涉及因素过多，无法总结归纳具有共同特征的风险（Alon，Herbert，2009）。而且，对于政治风险形成的原因，已经从原有政府企业关系的单因素说发展到多元因素共生说。这一方面的研究并没有建构起一个统一的分析框架。

2.1.3 国别风险多重性与风险管理

国别风险是一个不断发展的概念，各国法律制度风险、环保制度风险和政治风险的类型和程度不同，该概念已从早期可以被纳入广义信用风险，发展到涵盖信用、市场等多种风险的新型风险（徐莹亮，路昊阳，2012；邱立成，赵

① Kuo 和 Li 将影响中小企业对外投资的因素分为内部因素和外部因素，其中内部因素包括研发强度、企业规模、出口比例和资本集中程度，外部因素主要包括资源基础、关系网络、后续市场以及战略考虑。

成真，2012）。

表 1　各机构国别风险评估

机构名称	评估视角
经济学家情报中心（Economist Intelligence Unit）	主权风险、政治风险、货币风险、经济结构风险、银行风险
国际国别风险指南（International Country Risk Guide）	政治风险、经济风险、金融风险
机构投资者公司（Institutional Investors）	经济展望、债务、金融储备 / 资本账目、政治展望、资本市场准入度、贸易收支、流入的证券投资和外国直接投资
标准普尔（Standard & Poor's）	政治因素、经济因素、外部因素、财政因素、货币因素

"走出去"的企业面临多方面风险，如何对风险进行分类关系到研究变量的选取。一般来说，作为建构的风险概念可以从多维度进行划分，如自然属性风险和社会属性风险（Bradbury，1989）的分类；简单风险、复杂风险、不确定风险、模糊风险（Renn，2005）的分类；社会政治风险、经济风险、自然风险的分类，等等，而往往一种风险可以从属于多个类别集合。本研究主要关注"走出去"政策，根据 Bradbury 的分类，由于自然属性风险属于不可抗力范围，因此主要考虑社会属性的各类风险。

研究中另一个需要强调的概念是系统性风险和非系统性风险。其中系统性风险是指由于全局性共同因素引起的可能变动，包括政策风险、经济周期性波动风险、利率风险、购买力风险、汇率风险等；非系统性风险是指某一特定地区或环境所独有的，即国别风险。目前，对我国企业"走出去"风险的研究主要分为两类，一是从风险性质的角度，将风险分为政治风险、商业风险、监管风险、文化风险和员工安全风险等研究企业风险的认知与分类（程燕，2012；鄢雪皎，2012），二是按照风险管理的阶段，将风险分为实体性风险和程序性风险，即争议解决风险，从管理流程的角度研究风险的控制措施（牛克洪，2012；李湘玲，2012）。本研究结合基于性质与过程的风险研究，通过企业对风险认知和管理的可观察行动来寻找其政策动因。

企业对外投资无法避免国别风险，国际上对国别风险进行分析评定的机构也很多，如国际国别风险指南（International Country Risk Guide）、Fitch IBCA 和 ONDD 国别风险评估等。综合考虑可以把东道国风险归为几类：

（1）宏观经济与金融风险，其中包括通货膨胀、汇率浮动、国家负债率等，例如东道国由于国际收支困难而经常实行外汇管制。对于中国投资企业来说，经常会在拉美、非洲等地遭遇此类风险。

（2）合同风险，包括与商业伙伴之间合同纠纷导致的毁约等。

（3）国有化风险（或征用风险 expropriation risk），是指东道国政府对外资企业进行财产没收、征用的风险。中国石油公司在厄尔瓜多的遭遇便是近年来最显著的一个例子。2007 年 10 月，厄尔瓜多政府宣布该国与私人和外国石油公司超额油价分成比例从 50% 提升至 99%。

（4）政策变化和政府违约风险，有时也称作“软征用”风险，指东道国虽没有明确国家化，但通过变动税务政策、工业政策等来增加政府利益，给投资者造成损失（Marshall and Stone，mimeo）。例如，新旧政府更替期间的政策变动等。当然，政策波动的原因多种多样，并非都由政府利益的驱使，但不管其中动因是什么，政策不确定性对投资者无疑是一种风险。

（5）政治动乱，包括战乱、政治格局的变动等。在发展中国家，主要集中了宗教冲突、领土纠纷、族群矛盾、主权独立等战争和内乱风险，如利比亚的变革；在西方国家，虽然遭遇大动乱的可能性不高，但极右势力以及当地竞争失利者也会对企业构成暴力冲突的风险。

（6）劳动力纠纷、罢工等造成生产的中断。

（7）腐败风险，指需要通过非正常交易手段才能获得相关经营许可、参与合同竞争、获得出口配额等。尤其当这种腐败没有“明码标价”而具有不确定性时，更是一种风险。

（8）暴力，即针对外国公司人员及财产的攻击。近年来，中国企业走出去过程中遭遇境外人身安全的风险急剧上升，主要包括因收取赎金、政治图谋、种族歧视和常规犯罪等四种。

国别风险虽然在国际上已有成熟的评定系统，为我国企业提供了大量可借鉴的信息，但并不完全适用于我国对外投资体系。我国国有企业在“走出去”中占主导地位，加上我国现行政治制度往往会引起东道国家警觉，导致发生以“国家安全问题”为由的政治干扰。值得关注的是，这种风险对于我国“走出去”的国企与民企影响程度是不同的。在一些东道国家，由于我国与当地政府关系良好，国企的一些大型项目是双边协议的直接结果，这时，国企的合同风险和腐败风险可能又会少于民企（Li，Liang，2012）。因此，我国企业“走出去”的国别风险不仅与目前国际通行的评定系统有所不同，更可能取决于不同东道国的政治制度、企业所处行业和国内企业的不同性质：

视角一：中国企业对外投资中面临的国别风险取决于不同东道国的政治制度、企业所处行业以及国内企业的不同性质。

以下的蛛网图可提供更形象的说明：即使在同一个东道国、同一行业，国企与民企可能面临不同的风险（参见图 1，仅供示意，非真实数据）。换言之，国企与民企既面临所有企业都需要面对的、有共性的系统性风险，又面临只局限于企业性质本身的个体化风险。下图正汇总并对比了我们预期中国企与民企的共性风险以及个体差异。

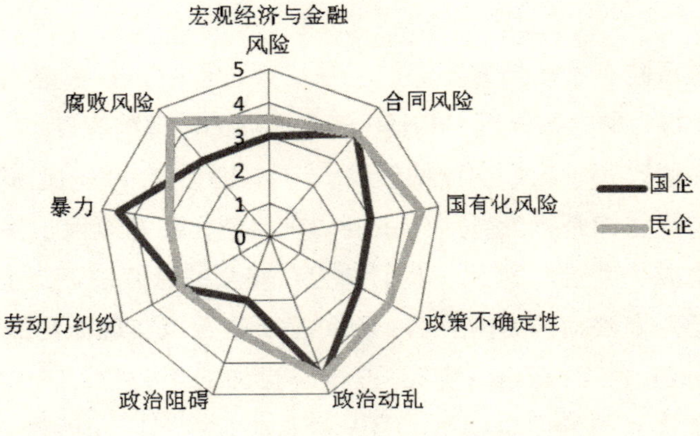

图 1 国有企业与民营企业风险差异示意图

这些潜在差异使得从企业实际情况出发去衡量风险更为重要。如果把国际咨询机构所得出的风险评价作为客观风险的衡量，本课题则更关心企业自身主观评价的风险和个体性差异。

2.2“走出去”风险的认知与管理

我们把投资想成是一个分两步决策的过程：第一步，投资者决定是否要投资和到哪里投资，主要关注对风险的评价；第二步，投资者决定如何去实现和管理这项投资，其中涉及投资、经营和治理的模式，是对风险的管理和应对。要促进企业更好的控制风险，必须双管齐下。实现这些管理的前提是对风险进行有效认知。

我国对外投资的企业决策者对国别风险到底是如何认知的，达到什么样的水平，目前不论是政策还是学术研究，都对此缺乏评估。现有对风险认知的研究主要有统计学、工程学、经济学、毒理学和流行病学、心理学、社会学和文化理论等视角（Renn，1992）。我们的研究将在问卷中综合应用统计学、经济学、心理学和社会学等多项理论，通过问卷的形式对此做出一个有代表性的描述与评价。

然而对风险有所认知并不等同于在决策过程中充分考虑风险。从风险认知到风险行为的模式分析主要基于三种不同的类型的假设，即行为动机假设、一致性假设和风险二次评估假设。在本研究中，我们选择行为动机假设，认为风险认知是行为背后的主要动机力量，即高风险认知会鼓励企业采取行动来减少风险。因此，我们认为在完全信息假设下，企业是否充分考虑风险受几个激励因素的影响：（1）企业是否以实现盈利最大化（profit maximization）为终极目标；（2）盈利与损失的承载体是否对称；（3）企业治理中是否有效的问责机制；（4）企业决策者对时间因素的考量（time horizon）。同时我们也应该考虑到，对某一“高风险国家”的投资并不代表冒险，原因在于企业考虑的是投资组合（portfolio）：如果在某一高风险国家的风险能与另一高风险国家的风险实现对冲，则看似国别风险高的组合反而是一种分散风险的手段（Markowitz，1952）。

本研究从现有政策和制度环境入手，推导政策与企业行为之间的关联性，并在此基础上综合评价“走出去”政策效果并提出政策建议。总体分析框架如下图所示：

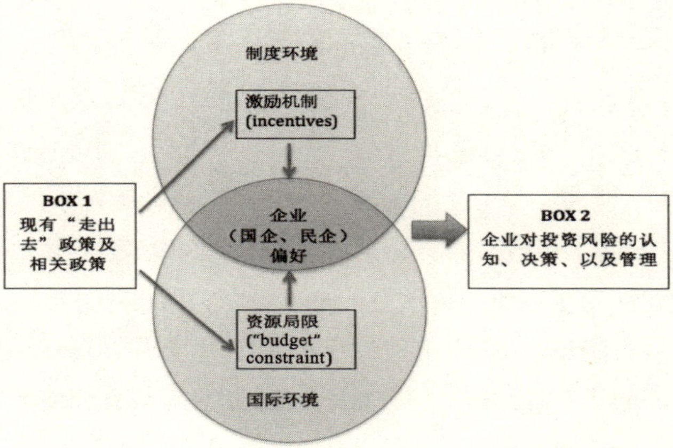

图 2 理论逻辑与分析框架图

研究以企业为基本分析单位。国内制度环境决定了企业个体偏好（preference）的选择背景，不同性质的企业偏好可能是不同的。现有政策通过影响企业偏好影响企业行为，形成一种激励机制。同时，现有政策和国际环境对企业也可能造成资源约束（比如，融资困难是一种资源局限；在发达国家屡受政治阻力减少了企业可选项目的范围，也可理解为一种资源局限）。在激励与约束的双重作用下，企业最后决定其投资风险评价、决策以及管理等行为，形成政策效果。

研究框架是宏观层面的，更具体地说，企业遇到的风险是多方面的，因而对应的政策也会有多重性。我们尝试将各类主要风险融入该框架进行分析。也就是说，上图中的方框 1 和方框 2 可以按风险种类进行更详细的分解。通过反向探究企业在每个决策点上对每一类风险的可观察行动，希望能建立企业行为和绩效与具体“走出去”政策（和相关政策）之间的对应，追溯企业行为的政策根源，提出的政策建议也将建立在这一逻辑框架之上。以下我们将详细阐述所研究风险的多重性，并根据对于“走出去”政策现状的认识提出一系列研究企业行为的可行视角。

如果国企与民企面临的激励机制不相同，那么它们在投资决策中对风险的考虑也会有所不同。一般来看，国企的资金比较雄厚，因而分散风险的能力较强，再加上国企受政府投资导向的影响可能较大，而非完全从企业市场化经营视角去控制风险，因此我们提出分析视角二。

视角二：走出去企业的性质会对影响他们的风险倾向和风险管理行为。①

以上仅从从激励机制的角度去分析，如果考虑到包括资源局限在内的其他因素，结论则更为复杂。例如部分民企由于缺乏高素质人才，即使激励正确，也可能无法充分评估风险。此外，对外投资的风险和对内投资的风险是相对而言的。因此企业对国内投资的风险认知也会影响到它对对外投资的风险评估（Beaze，Blake，2011）。企业的何种特征会影响对国别风险的评估，最终是一个实证的（empirical）问题，还有待于我们通过问卷设计和数据分析去观察和总结。

本研究将通过具体的问卷设计来实现对风险考虑“多少”的量化分析。比如，一种衡量方法是让企业列举各种风险对其投资决策的影响大小并对其重要性排序。更具体的一种方式是给予企业一则对风险的描述（例如东道国的宏观经济波动或是战乱），测量这些风险对其投资决策的影响（例如，是无影响、暂缓或改变投资目的地？）。

投资的第二步是实现和管理这项投资。由于对企业经营责任制的加强和企业走出去面临的商业环境风险增加，企业风险管理受到越来越多的关注，然而，对于大多数企业来说，仍采用传统将风险作为不同个体单独进行控制的方法，不利于整合风险偏好或应对突发事件（Shaw，2005），由此出现了全面风险管理。在风险认知和评估的基础上，综合考虑企业“走出去”面临的风险，企业风险管理决策仍受激励机制和资源局限的限制。同时，还需要考虑政府规制投资行为的目标与企业自身目标之间的差异。如果企业的目标不是简单的盈

① 这里以国际上通用风险指数衡量高国别风险，并不是中国企业的主观认知。

利最大化，企业管理风险的动力也会受到影响。

在验证这一视角时，我们会通过多种方式细化对不同风险的差异化管理手段。应对政策变化的措施和应对突发战争的措施是不同的，需要区别对待。对于好与坏的衡量也将体现在管理手段的应用上。例如，对于劳动力纠纷的防范取决于企业如何对待当地工会、怎样与当地政府合作、怎样平衡当地的员工与外来的员工，我们通过问卷设计来测量企业在各方面的表现。当然，由于问卷篇幅限制，我们不可能问及应对每一种风险的每一种措施，只能选择更常见的风险类别进行比较。目前在问卷设计中我们考虑的主要是劳动力纠纷和对税务政策变动的应对措施。

同样，对风险的管理也会受到资源局限的影响，比如企业自身的能力。但是在既定能力起点上，随着时间的推移，企业会通过持续学习提升自身风险管理能力，因此可能更单纯地体现了激励机制的作用。这一系列视角都有待于调研与数据的实证。也许以上的一些视角会给人以有意批判国有企业的印象。其实不然，第一，这些视角都需要我们的进一步实证。第二，即便得到了实证，也无从否认我国"走出去"以国有资本牵头的这种经营模式。其中很大的原因是中国企业在跨国经营上是后发者，在这样的背景下政府尤其要起到促进的作用，这与日本在20世纪六七十年代由政府主导拓展海外经营的手法是相似的。实证只能说明政府主导模式中容易出现的一些激励错位的问题，而这些问题恰恰需要通过政策设计去弥补和解决。

我们从以上视角出发进行检测的最终目的，是要考察我们对于当前政策下的激励机制和资源局限的作用是否有正确的理解。尽管这是一种演绎的研究方式（deductive method），最终我们仍要返回研究的出发点，也就是政策设计。我们会发现政策空白，提出一系列政策建议，其中我们将尤其致力于探讨国营与民营资本之间的关系：

视角三：民营与国有资本的互动对防范风险有重要含义。

通过调查研究，我们试图探索国营与民营资本之间是否能实现互补互动的关系。国有与民营资本有各自的比较优势，面临的激励机制和资源局限可能是恰恰相反、能够互补的：国有企业资金雄厚、但容易遭到政治阻碍；民营企业相对来说资本稀缺，但是经营灵活，自主性更强，目标更单一。在我国特定的经济体制下，两者的互动互补可能是一种减小风险，实现资源配置最优的有效方法。本课题希望通过问卷和采访的方式，观察目前国营与民营资本在走出去过程中的互动状况，并就此探讨今后中国企业走出去的可能的新模式。

2.3 研究方法和数据采集

本课题综合了多种研究方法，主要包括问卷调查、数据分析、政策归纳分析和案例分析。其中问卷调查部分由 CIDEG 与中国国际贸易促进会联合开展。

问卷覆盖以下主题：（1）企业的基本经营情况；（2）企业海外投资的基本情况；（3）企业对外投资的动机和可得的资源，如企业如何融资，得到哪些国家政策的支持；（4）企业内部治理情况，包括决策过程、投资动机等；（5）企业对风险的评估；（6）企业在实践中遭遇风险的情况；（7）企业对风险的管理举措。其中（3）可以告诉我们企业面临的激励机制和资源局限，（2）（4）（5）（7）则告诉我们企业行为。

样本收集采用了分层随机抽样（stratified random sampling），并对四类企业进行过度抽样（oversampling）：（1）已经对外投资的企业；（2）资源类企业；（3）大型企业；（4）国有企业。

问卷设计采取了前沿的方法。例如，对风险评判的问题往往是测定“态度”的，然而态度恰恰是最难衡量的，直接提问很容易出现锚定偏差（anchoring bias）而造成误差。我们在问卷设计中通过锚定填卷人认知范围的方法来尽量减少这方面的误差。

在数据分析层面，一是用描述性统计来展示我国企业对外投资基本情况。我们用宏观数据和问卷调查所得数据互相补充验证。CIDEG 与贸促会合作的这项问卷调查是国内目前唯一专注我国对外投资的企业层面数据，展示了许多宏观数据所不能体现的视角和模式。二是通过回归分析来证实或证伪前文提出的各项视角和假说，判断企业性质及其相关激励机制对企业的风险倾向和风险控制造成的影响。

案例选取采取了“最相似案例”（most similar cases）的准则，即在控制变量（control variable）都尽可能相似的情况下，对比因变量有差异的案例。这种方法能帮助我们检测除了数理模型已经考虑到的因素之外，其他驱动因变量差异的变量。

2.3.1 问卷调查主题

清华大学产业发展与环境治理研究中心自2005年成立以来，一直关注中国产业发展与制度变迁领域的政策研究，促进产业界、学术界以及政府部门之间的沟通、理解和协调。2011年，正值中国企业“走出去战略”实施的第十年，为了深入总结十年来中国企业在走出去过程中的经验教训，CIDEG联合中国贸易促进会，通过问卷调查等多种方式，关注未来面对日益复杂国际国内多方面风险环境下中国企业如何走得更稳。

中国贸促会对国内海外投资企业的决策和实践一直有着持续跟踪和调查。从2008年到2010年，中国贸促会的年度调查主要关注中国企业海外投资的总体状况以及未来的投资预期。2011年，为了更深入的了解企业海外运营，调查试用了一种新的方式，即仅调查已经在海外进行投资的企业。

2012年，与CIDEG合作的调查致力于达到上述双重目标，既关注企业走出去的总体状况，也关注企业海外运营。此次调查时间为2013年2月至5月。[①]项目设计的抽样方法使得我们不仅可以得到已经国际化经营的中国企业的充足样本，同样也可以得到仅在国内经营，尚未走出去的企业样本。同时，调查设计中采用了跳跃的模式，被调查企业可以根据所处的不同投资阶段选择性的回答相应的问题。2012年的调查旨在通过回顾过去一年中国企业对外直接投资决策来提供比较基准，同时更聚焦于已经在海外经营的中国企业在探索企业国际化过程中的热点政策问题，如民营企业与国有企业的作用、企业对投资风险评估与措施、对外投资的融资安排以及企业社会责任的意识和实践等。调查重点关注了以下主题：

① CIDEG为此次调查提供了技术支持。

首先，调查在多个措施和问题维度对民营企业与国有企业进行了比较，包括目前的投资模式、动机、关注点和“走出去”过程中受到的限制、风险管理方法和企业社会责任等。

其次，调查分析了中国企业对国际投资风险的评估及所采取的防控措施。调查从多个维度评估了企业所面临的风险，包括宏观经济风险、政策不稳定、合同违约、资产被当地政府国有化以及劳动力纠纷等。问卷调查了企业对这些风险的判断及其所采取的策略，同时高度关注了民营企业和国有企业在这些方面的共同点和差异。

第三，调查回顾了中国企业海外投资的社会责任实践。对于社会责任的调查与有关风险管理的调查是相得益彰的。良好的企业社会责任除了能提供更多的社会正产品外，也可以更好改善与当地社区和政府的关系，降低企业面临的非商业风险。问卷对企业目前的社会责任战略和实施情况、海外投资过程中的主要利益相关者以及对企业社会责任与企业各地运行的相关性认知进行了调查。

第四，调查关注了中国企业走出去的融资安排。不少媒体报道提到，缺少资金和信贷已经成为影响民营企业走出去的主要制约因素。此次调查希望能通过大规模调查数据验证这一说法。问卷详细调查了中国企业国际化过程中的融资来源，同时评估了不同政策偏好下的分配模式（例如补贴、贷款和保险的难易），以及何种程度上这些措施使得民营和国有企业受益。

总之，本次调查包含了两大部分，一是中国企业海外直接投资的发展趋势和模式及其对企业风险管理行为的影响，另一个是以问题为导向的部分，关注民营企业和国有企业在风险防范措施、企业社会责任和融资方面的共性和差异。

2.3.2 问卷调查范围

调查共发放问卷 3000 份，最终回收 1091 份，有效样本数量为 1056 个，其中国有企业数量为 142 家。东中部和沿海地区总量在一半以上，虽然在地区分布呈现一定的不均衡，但在样本总量上保证了沿海和内陆地区的代表性（图 3）。

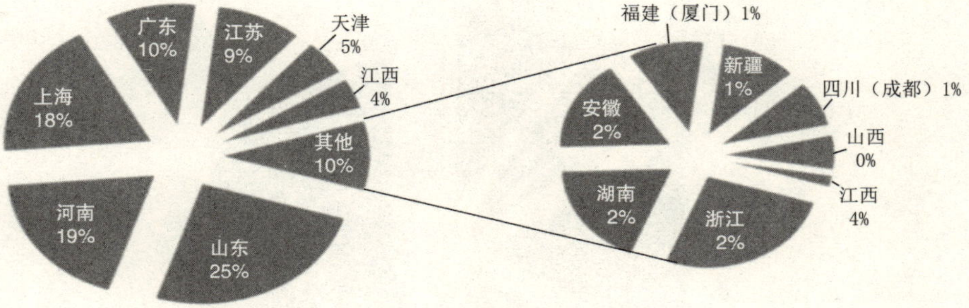

企业总数：1056

图 3　2012 年问卷调查抽样企业省市分布

尽管国有企业在样本中所占份额仅为不到 15%，但从国有企业与民营企业的规模对比上来看，国有企业总体规模上要大于民营企业，1000 万以上规模企业占据绝大多数（图 4）。

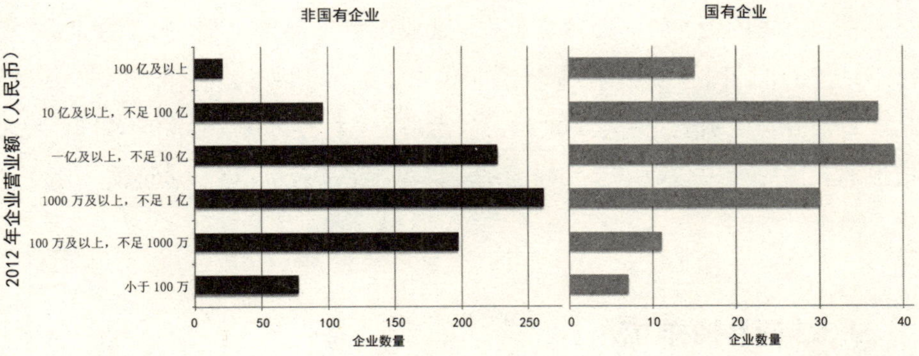

图 4　抽样企业规模

从抽样企业的行业分布来看，制造业企业占 63% 以上，其次为贸易和采掘业。从产业分布来看，农业企业仅占 3%，服务业企业比例接近 20%（图 5）。

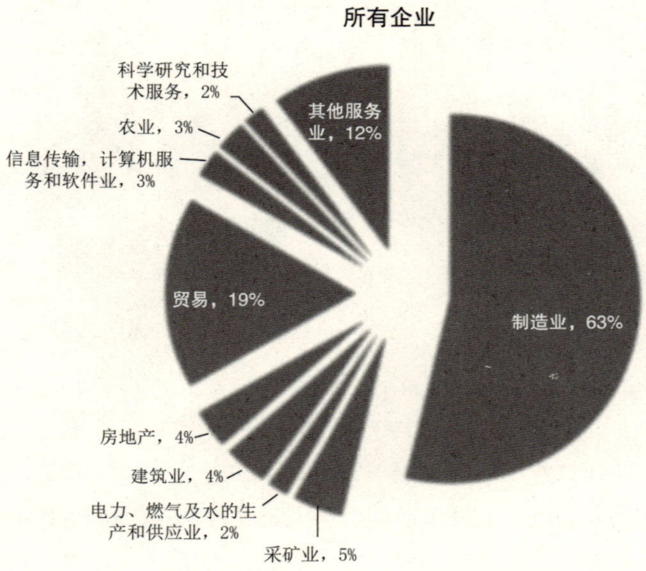

图 5　抽样企业行业分布

在被调查的企业中，民营企业的制造业比例为 65%，采矿业仅为 3%。相比于民营企业，国有企业的采矿业数量占据了 17%（图 6）。

行业分布中制造业占主导地位，其次是贸易批发零售，这和商务部公报所报道的我国对外投资数据是相吻合的（详见 3.1 部分），进一步证实了调查的代表性。

2.3.3 问卷抽样方法

中国贸促会拥有可以触及大量中国企业的本地网络，包括已经进行海外投资和尚未投资海外的企业。我们的抽样框是国泰安企业数据库和贸促会会员企业。

调查采用了分层随机抽样方法以保证样本的代表性和统计精确性。根据企业规模（按 2009 年总收入规模，分别取 40% 和 80% 两个节点设定大中小三

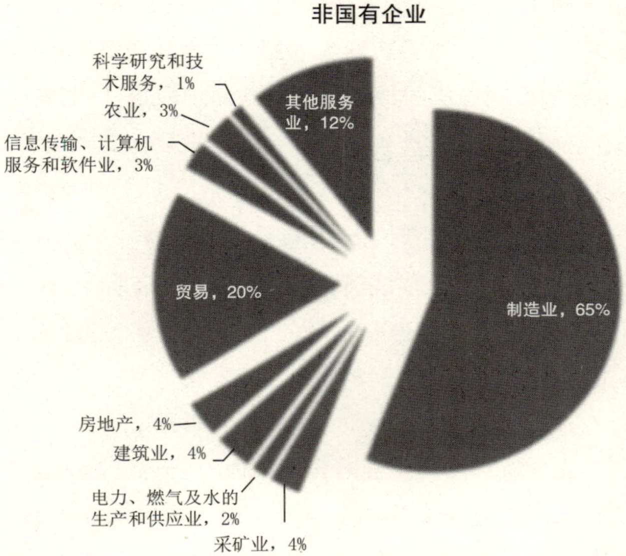

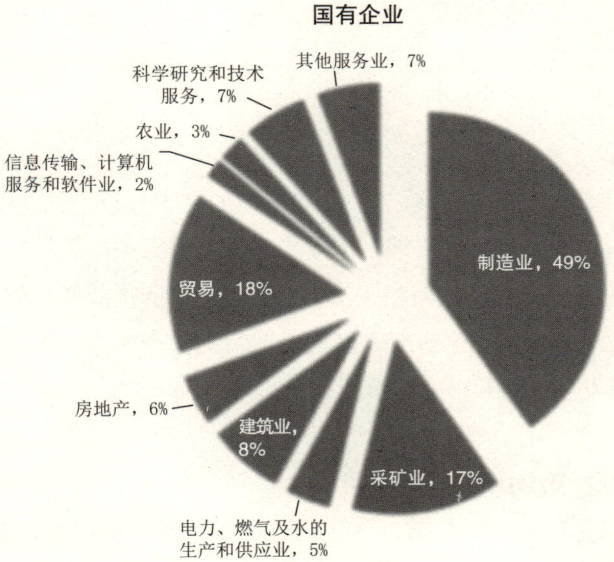

图 6 国有企业与民营企业抽样行业分布

类企业[①])、产业（根据企业是否经营采掘业）、所有制（是否为国有企业）和企业是否投资海外（根据企业是否有商务部颁发的海外投资许可）将抽样框分为24层。随后，我们设定各层的抽样比例，从而抽取统计比较所需要的最为合理的样本（即，在样本总量上达到等量的民营企业和国有企业，等量的采掘业和非采掘业等）。通过采用这一方法，我们实质上是对采掘业企业、国有企业、大型企业和已经进行海外投资的企业进行了过度抽样。这样做的原因在于这些企业是中国走出去战略的重要成员，但在抽样框中的量较小，而且根据以往经验，这些企业的问卷回复率也是偏低的。我们对于各省按上述方法分别取样，保证了在省内各抽样层间比例相同，而企业越多的省份，相应样本量也越大。

问卷发放主要依靠与贸促会分会的合作，由各分会自愿报名参与2012年的问卷调查工作。参与的分会负责根据样本列表发放问卷。企业（通常是负责人或者其他高级职员）填写纸质问卷（或是在MS word系统中填写问卷）。各省问卷回复率有明显差异。因此，2012年度调查在地理上的代表性并不是最佳的。不过，由于回复的问卷主要来自山东、河南、上海、广东和江西，样本仍很好的代表了沿海和内陆地区。

2.3.4 政策文本研究

政策分析部分主要采用了基于政策数据库的文本分析方法。通过对中国商务部、发展与改革委员会等多部门历年来对外投资相关政策的文本，尤其是2001年以来中国“走出去”战略相关法律法规、规章制度的文本收集，建立了中国境外投资政策数据库，通过对其进行描述性统计分析，剖析中国境外投资政策体系的纵向发展脉络和横向政策现状。

2.3.5 案例选取方法

除了通过问卷来收集微观数据，我们还进行了多层面的案例研究。首先

① 2009年为我们可得的最新收入数据。

根据研究目标，分别从国有企业和民营企业两类企业中，选取不同企业规模和行业领域（传统企业与新兴技术企业）的代表性企业，分别为某国有大型电力企业 H 公司、XW 通信技术股份有限公司、北京 SJL 能源股份有限公司、江苏 ZY 集团，对这些企业进行访谈。第二，以利比亚的政变和我国在政府和企业层面上的应对为例，分析政治风险带来的突发事件应对过程。这部分案例主要依靠系统收集和总结媒体报道。通过上述案例设计，分析我国企业和其他国家企业在风险认知和管理方面的不同。

第三章 中国对外直接投资的基本情况

本部分在展示我国对外直接投资宏观数据的基础上，将其与问卷调查企业的基本情况做对比，并对问卷数据进行描述性的统计说明。

3.1 宏观数据描述与分析

改革开放以前，中国企业的海外拓展以贸易活动为主，属于贸易型的境外投资。投资结构单一，规模很小，而且受到了国家政策的严格限制。改革开放后，对外经济迅速发展，非贸易型的境外投资持续增加。1997 年，政府提出鼓励企业“走出去”，进行对外直接投资；2001 年，“走出去”战略正式被写入《国民经济和社会发展第十个五年计划纲要》。这一战略主要是鼓励企业发挥比较优势进行对外投资，加强国际经济技术合作，是与“引进来”相对应的发展对外经济的重要方略。此后，中国企业国际化进程不断加速，对外投资蓬勃开展，呈现出稳定发展的态势。从 2002 年开始，中国企业境外投资数量增多、规模增大，对外投资流量呈直线上升趋势，在全球跨国直接投资中的份额也不断上升。[①]

① 覃博雅：《2012 年世界投资报告发布》http://world.people.com.cn/n/2012/0706/c1002-18457757.html，2012 年 7 月 6 日。

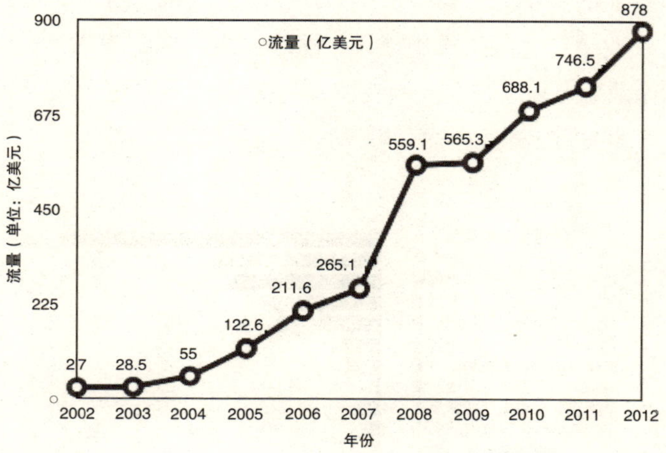

图 7　中国对外直接投资流量情况（2002-2012）

（数据来源：《2012 年度中国对外直接投资统计公报》）

在投资主体方面，尽管国有企业的数量仅占 9.1%（图 8），却占对外投资金额的 59.8%，可见为数不多的国企却是境外投资的最重要主体，其他类型的投资主体投资强度较低。

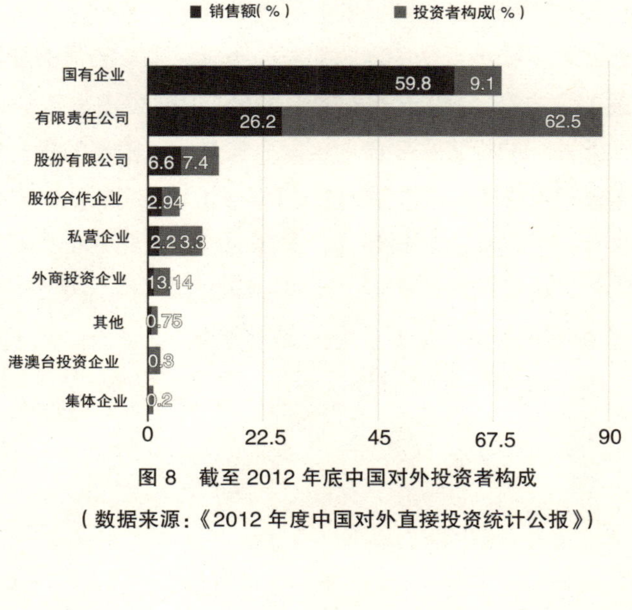

图 8　截至 2012 年底中国对外投资者构成

（数据来源：《2012 年度中国对外直接投资统计公报》）

在投资行业的分布上，我国企业对外投资的领域覆盖了制造业、采矿业、金融业、工农业生产、基础设施建设、医疗卫生、旅游餐饮等诸多行业。其中，租赁和商业服务业、采矿业两者加总就占超过一半的份额，有较高科技含量的新技术产业投资比重则不高（图9）。

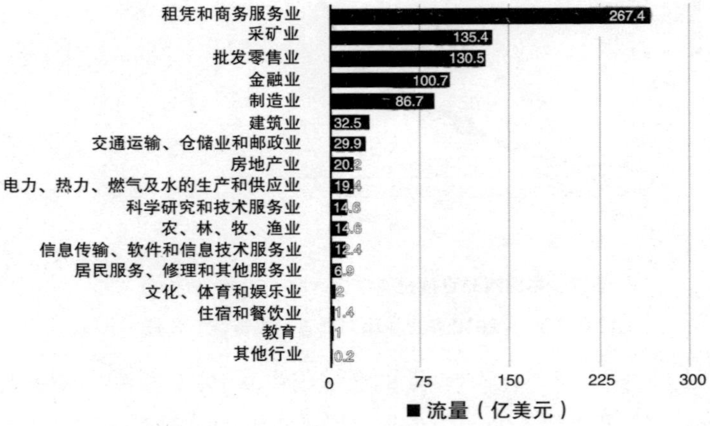

图9　2012年中国OFDI流量行业分布（单位：亿美元）

数据来源：《2012年度中国对外直接投资统计公报》

在地区分布上，亚洲一直是中国企业海外布局最主要的目的地，占流量总额的73.8%（图10）。在亚洲的投资主要分布在中国香港、哈萨克斯坦、新加坡等国家，在北美洲的投资主要流向美国、加拿大；欧洲的投资主要是在英国、卢森堡、德国、俄罗斯、荷兰等；拉丁美洲的投资主要流向英属维尔金群岛、委内瑞拉、开曼群岛、阿根廷等；非洲的投资主要分布在安哥拉、刚果等；大洋洲的投资主要流向澳大利亚、新西兰等国家。虽然投资国家分布较为广泛，但这一现象并不能表示发生直接投资的区域特征，原因在于部分流向亚洲的投资仅仅是作为第一发生地的投资。

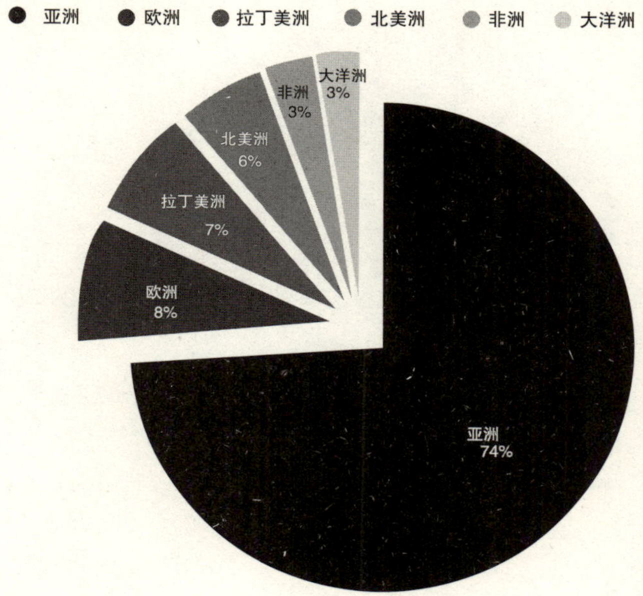

图 10　中国 OFDI 流量地区构成

数据来源：《2012 年度中国对外直接投资统计公报》

3.2 问卷调查企业投资基本情况

由于现有宏观数据无法反映更具体的企业层面状况，尤其无法区分国企和民企的不同，因此我们设计了问卷调查对此进行补充。本次问卷从企业投资总量、投资目的地和行业选择以及国际化模式等方面对目前企业海外直接投资的资金状况进行了调查。

根据问卷回收后的数据分析可以看到，从投资目的国的分布来看，欧盟和美国的比例较大，两者相加大约为总数的 1/3（图 11）。从地区分布来看，企业海外投资主要选择东亚和东南亚、北美以及欧盟地区（图 12）。

从投资规模来看，尽管项目数量较小，但无论从总体还是平均数来看，拉

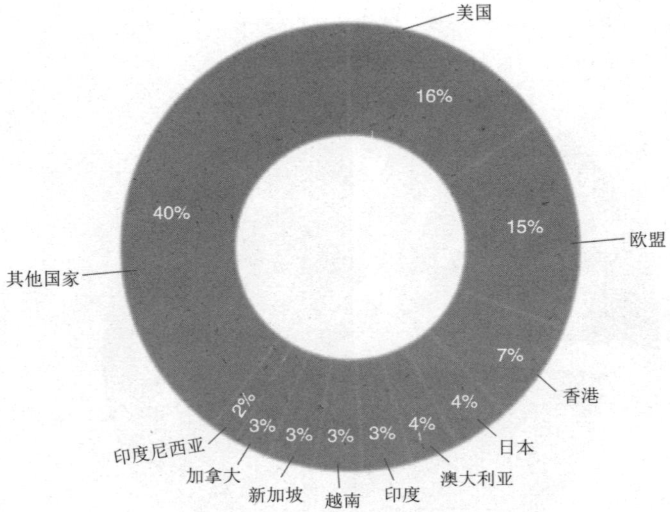

图 11　企业对外投资目的国分布

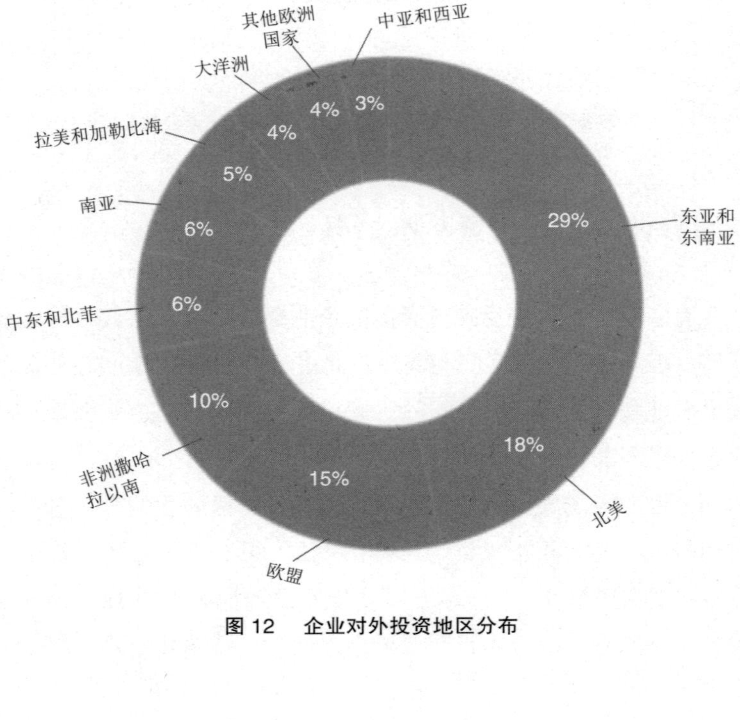

图 12　企业对外投资地区分布

丁美洲、大洋洲、中亚和西亚的投资量较大，表明了这些地区的投资主要是资源和大型项目投资（表 2）。

表 2　在海外各地区投资规模比较（截至 2012 年底）

地区	企业数	投资总额（估算）（亿美元）	平均投资规模（估算）（千万美元）
东亚和东南亚	89	34.5	3.9
北美	77	25.8	3.4
欧盟	74	20.6	2.8
非洲撒哈拉以南	36	2.3	0.6
中东和北非	25	8.7	3.5
南亚	23	6.4	2.8
拉美和加勒比海	21	23.8	11.3
其他欧洲国家	17	1.8	1.0
大洋洲	13	14.2	10.9
中亚和西亚	11	20.5	18.7

从投资行业的分布来看，企业海外投资的项目并没有局限于国内的主营业务，60% 以上在国内从事制造业的企业中，仅有 33% 投资于海外的制造业。更多的企业投资于采矿业、信息传输、电力、贸易、计算机服务和软件业、农业等行业（图 13）。对于房地产行业的投资，企业往往采取谨慎态度，仅有 2% 的企业选择海外投资房地产行业；相比而言，选择贸易、信息传输、计算机服务和软件业是更多企业选择的多元化经营方向。

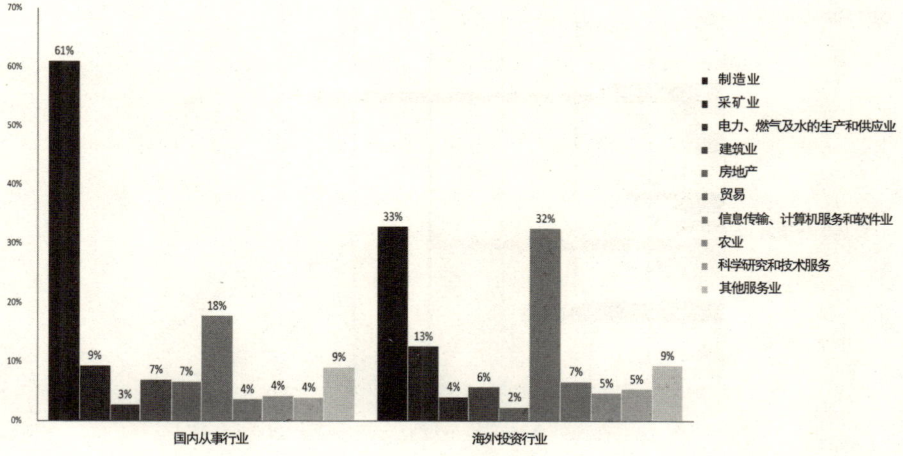

图 13　企业在国内从事行业和海外投资行业比较（截至 2012 年底）

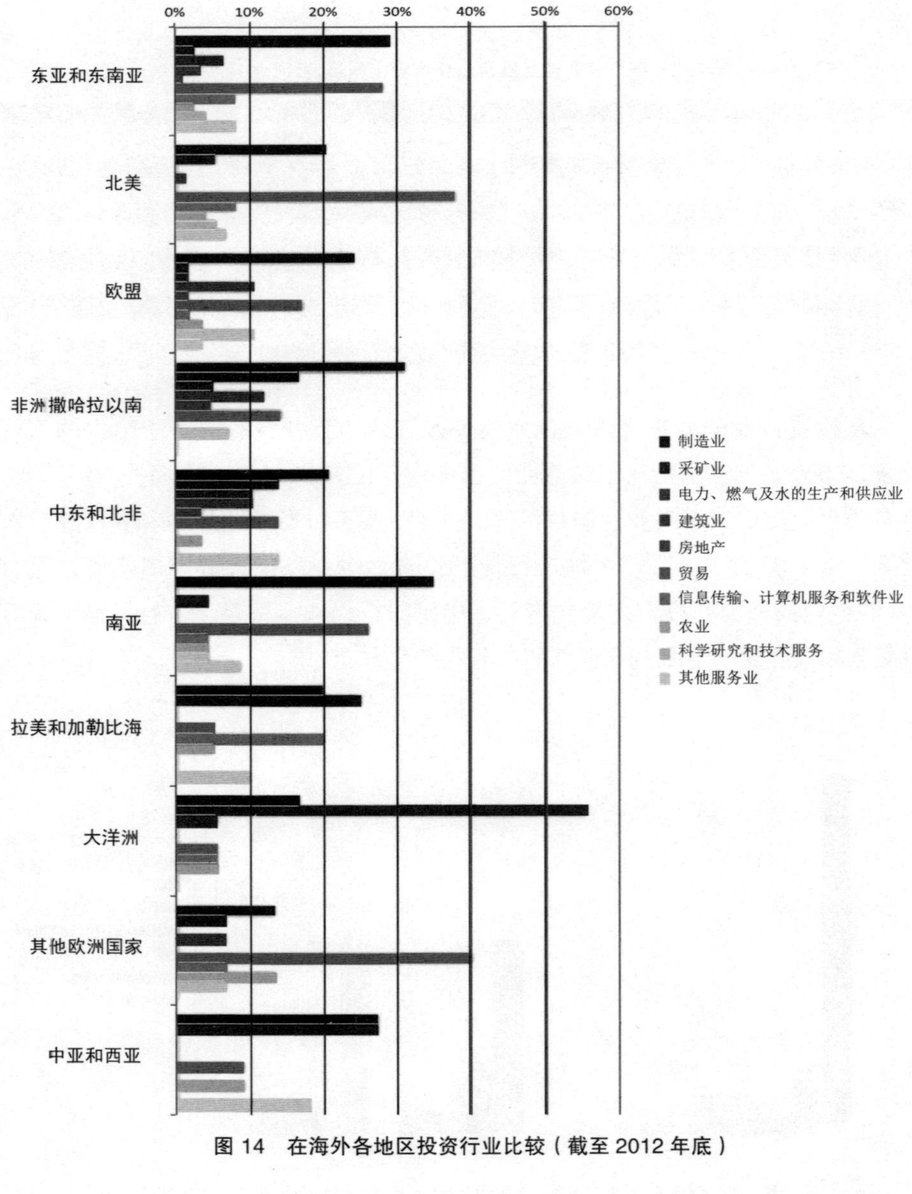

图 14　在海外各地区投资行业比较（截至 2012 年底）

从企业投资行业的地区选择来看，拉美、大洋洲和中亚西亚以采矿业居多，其他地区制造业和贸易占主导地位（图 14）。虽然不少媒体中流传着中国在非洲掠夺资源的说法，但调查数据显示，中国在非洲从事采矿业的确是重要一部分，但占比重最大的是制造业企业。

从上文描述数据中我们可以看到，问卷调查所得的行业分布等和公报数据基本吻合，体现了问卷样本的代表性。不同之处有以下几点：

一是企业投资目的地区和国家的差异。宏观数据中对亚洲地区的投资占据了全部投资的接近 3/4，问卷中对亚洲地区进行了进一步细分，抽样中亚洲地区的投资所占比重接近一半。虽然在投资目的地的区域分布上与宏观数据有一定差异，但我们可以看到，投资目的国基本上代表了中国企业海外布局中主要的投资国家，如新加坡、美国等国家，因此从投资目的国的统计情况来看，样本具有代表性。

二是投资行业的差异。从宏观数据来看，我国企业“走出去”投资流量最大的是租赁和商务服务业，由于本研究仅考虑工业企业类别，因此排除租赁和商业服务业、金融业等行业以外，采矿业的比例大于制造业。但在样本中采矿业和制造业的比重基本相同。形成这一差异的主要原因是本问卷采用了以企业和项目为主要分析对象的方式，不同于宏观数据中采用企业为分析对象的方式。

3.3 国有企业和民营企业基本情况比较

我们在这一小节通过描述性统计初步展示问卷中国企和民企不同的模式。

3.3.1 投资规模

从企业对外投资的规模来看，截至 2012 年底，50% 以上民营企业的海外总投资额在 10 万—500 万之间，而相比之下，国有企业的海外投资总额多数在 100 万—5000 万之间，因此无论从绝对量还是平均量来看，国有企业的投资规模总体上大于民营企业（图 15）。

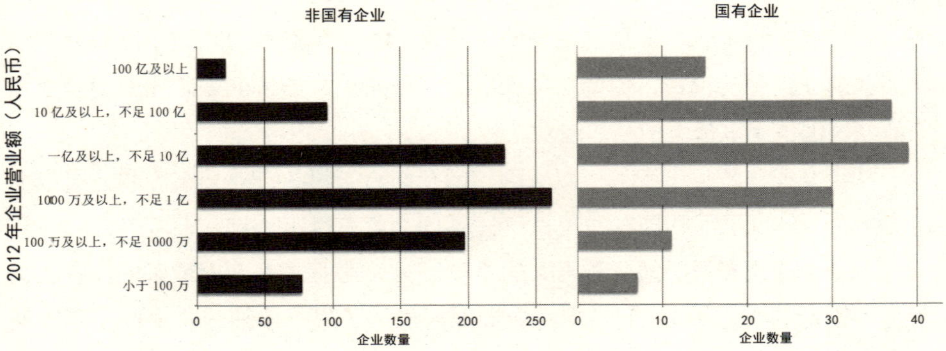

图 15　企业对外投资规模（截至 2012 年底）

3.3.2 投资模式

从海外投资模式来看，将近一半的企业会选择新建企业，其次为建立代表处，部分并购和全资并购加总的比例为 19%，与合资新建比例相等（图 16）。在 2009 年中国贸促会进行的类似调查中，“中国贸企业选择全资新建企业”，此次调查该比例为 46%，在一定程度上反映了我国企业走出去实力的增强。

国有企业与民营企业在海外投资模式选择上也呈现出一定的差异性。民营企业选择全资新建、部分并购和建代表处的比例要高于国有企业，而国有企业选择合资新建和全资并购的比例要高于民营，部分原因在于国有企业与民营企业的投资能力存在一定的差异（图 17）。

3.3.3 投资动力和局限

从企业海外投资的政策环境来看，企业“走出去”政策及相关优惠、目的国招商引资的优惠政策以及双边贸易或投资协议对企业海外投资决策来说都非常重要。从企业自身投资决策来看，企业对提升品牌的认识度上升，成为投资的重要目的，其次为扩大产品和服务的市场份额、发展上下游产业链，以及利用海外制度和基础设施（图 18）。与王碧珺（2013）有关企业海外投资动机中的研究类似，降低成本并不是中国企业海外投资项目的主要动机。

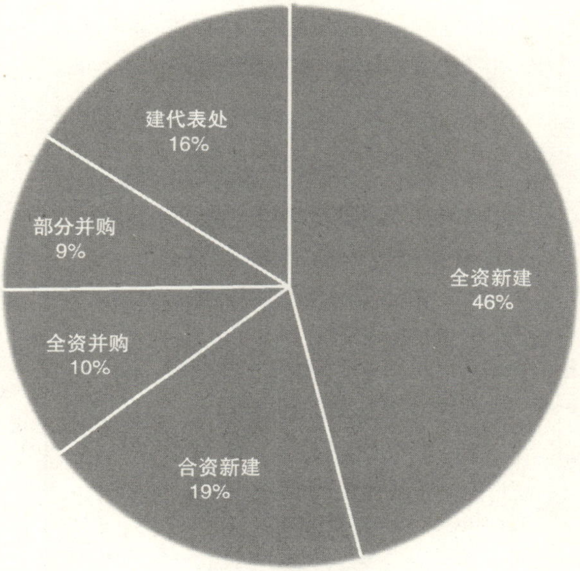

图 16　海外投资模式（总体）

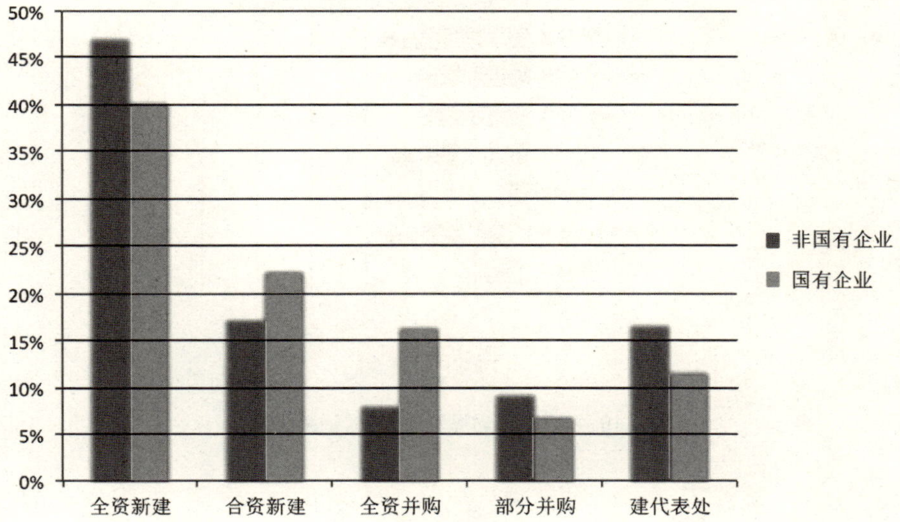

图 17　海外投资模式（民营和国有企业比较）

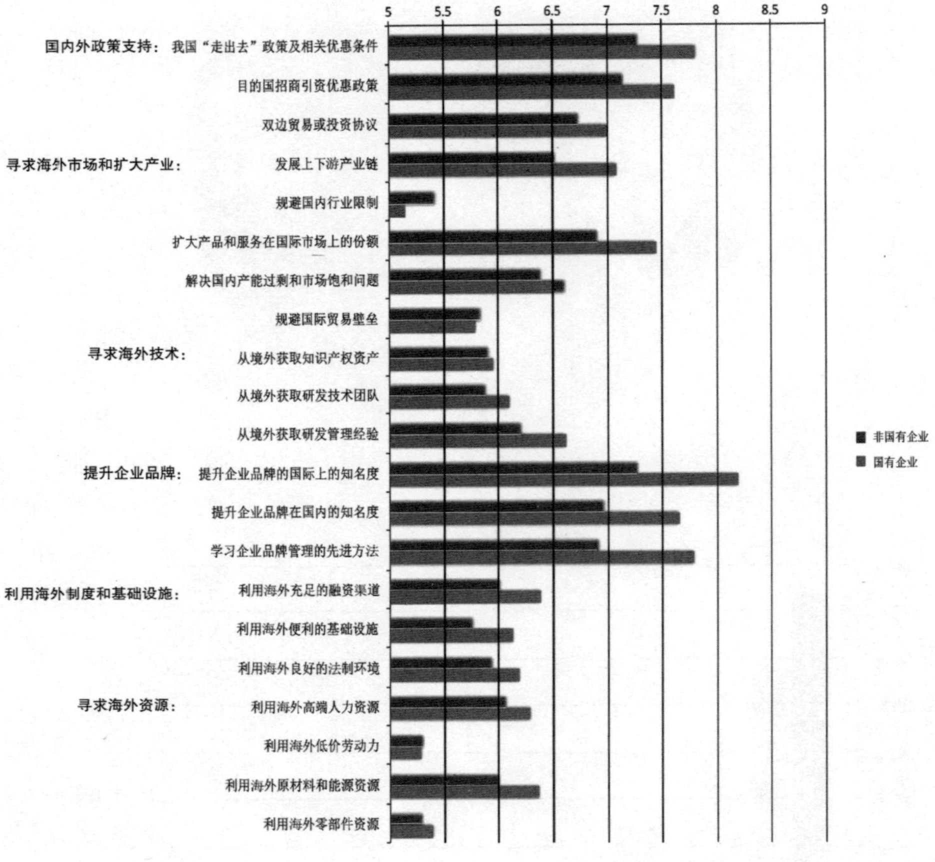

图 18　各方因素对海外投资决策的重要性

从国有企业与民营企业的差异性来看，提升品牌和扩大产业规模对国有企业尤为重要，国内外政策对国有企业的影响也要大于对民营企业的影响（图 18）。在寻求海外市场和扩大产业规模的因素中，民营企业更多受到国内行业限制的驱动。

在企业国际经营和发展的制约因素方面，国有企业和民营企业都面临着严重的人才缺乏问题，国有企业受到合作层次不高、国际竞争力不强以及缺乏国际政治经济情况了解等困扰，而除了和国有企业拥有同样困扰外，民营企业更

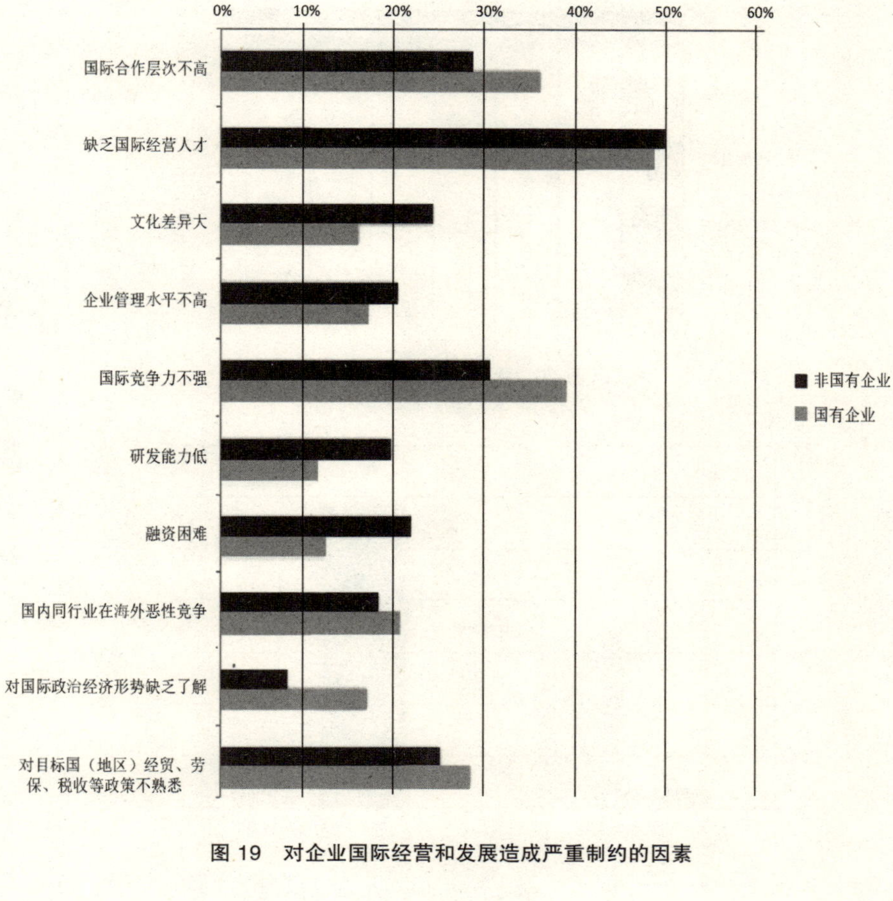

图 19　对企业国际经营和发展造成严重制约的因素

受到管理水平不高、融资困难和研发能力不强的局限（图 19）。

3.3.4 资金来源

从企业海外融资的资金来源来看，银行贷款和企业利润的积累成为企业融资的主要来源（图 20）。然而，虽然民营企业和国有企业的融资来源基本相

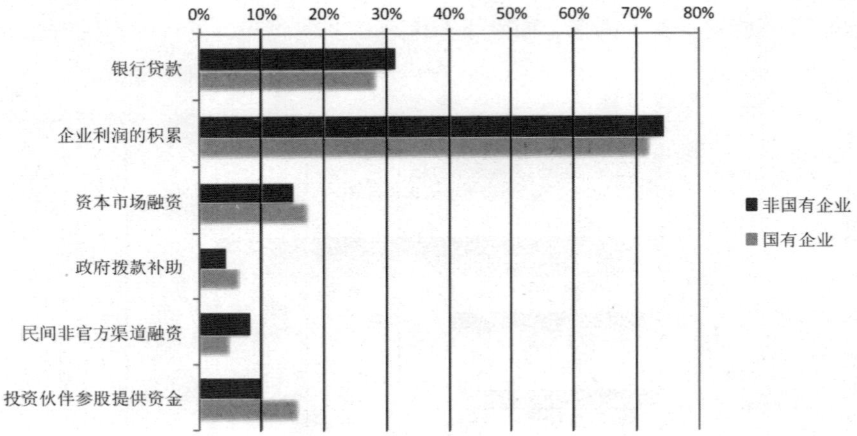

图 20　海外项目的融资来源

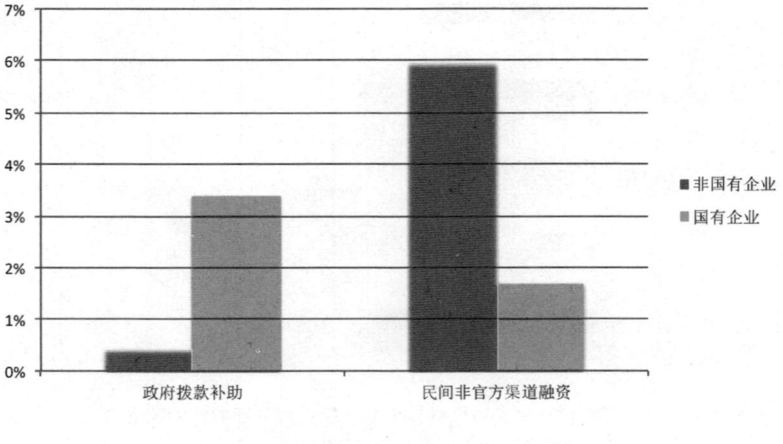

图 21　海外项目的最主要融资来源

似，但当问及最主要的资金来源时，几乎没有民营企业以政府补助作为最主要来源，而少部分国有企业存在这样的情况（图 21）。

3.3.5 政策支持

在国家政策支持方面，对固定成本或营业成本进行补贴、提供低息或无息贷款仍是主要方式。但国有企业获得低息或无息贷款的比例高于民营企业，并且相比于民营企业，国有企业在优先获得外汇、优先获得返销配额方面具有一定的优势（图 22）。

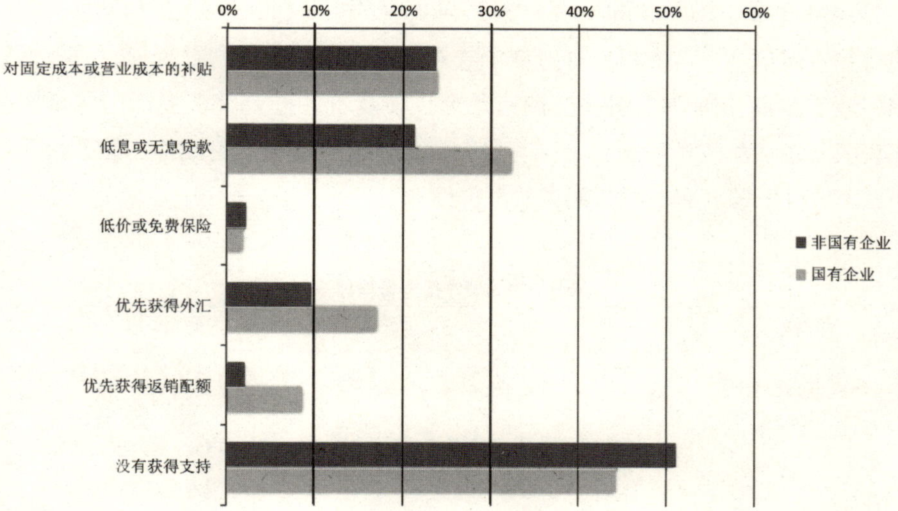

图 22　获得国家政策支持的情况

第四章
中国对外直接投资的管理体制及其政策演变[①]

4.1 中国境外投资的管理体制

经济改革中，中国的投资决策受到制度约束（Child，Lu，1996）。依据现有的管理体制，我国对境外投资的宏观管理分为综合性归口管理、专业性管理、地方政府管理和中国驻外使馆管理，涉及境外投资管理的部门包括商务部、国家发展和改革委员会、国有资产监督管理委员会、财政部、国家税务总局、国家外汇管理局、地方商务管理部门等。

表 3　中国境外投资管理体系

管理类型	部门	职责
综合性归口管理	商务部	投资审核、日常监管、政策扶持、公共服务、综合协调
专业性管理	国家发展与改革委员会	制定整体战略、重大项目审核
	国有资产监督管理委员会	境外国有资产监管
	国家外汇管理局	境外投资资金监管
	财政部	财政补贴
	中国人民银行	境外人民币管理、贷款
	进出口银行	贷款
	人力资源和社会保障部	境外人员管理

① 本章主要根据郭若璐硕士论文修改（2013）。

续表

管理类型	部门	职责
地方政府管理	地方政府商务主管部门和地方发改委	项目审批、地方投资战略、地方投资管理细则
驻外使馆管理	驻外使馆商务参赞处	信息服务、维权、协调

在具体职责方面，商务部主要负责对企业境外投资进行综合性的归口管理，包括建立投资审核的规范，对项目进行核准，并建立起统计、年检等日常监督管理办法，与其他部门合作对境外投资进行政策扶持，并参与外交关系的协调，建立双边或多边协议。同时，商务部通过发布国别指导目录等报告或文件对企业进行引导，并提供风险预警、投资机会等信息服务。商务部还需要综合协调与其他相关政府部门的关系，在境外投资方面进行统筹管理。

各个具有相关专门职能的部门负责对境外投资的专业性管理。其中，国家发展与改革委员会（以下简称发改委）主要在宏观层面负责制定中国企业境外投资的整体战略规划，以及境外投资重大政策、境外投资管理体制转型的研究协调；国有资产监督管理委员会主要负责规范并监督管理国有企业，特别是中央企业在境外投资中的行为和风险，包括制定国有资产境外投资管理办法、监管境外国资保值增值、进行境外国有资产产权登记等；国家外汇管理局主要负责企业境外投资资金的监管，包括规定境外投资资金来源、对境外投资的外汇进行审查、办理外汇资金登记和汇出的相关手续等；财政部主要负责与企业境外投资有关的资金支持，包括对重点项目的直接和间接补贴，以及企业境外所得的税收抵免和其他优惠措施。

此外，中国人民银行、进出口银行、人力资源和社会保障部也参与到了境外投资的境外人民币管理、贷款管理和境外人员管理中。

地方政府商务主管部门和地方发改委对企业境外投资进行政策性的宏观管理和调控，负责规模较小的投资项目的审批核准。另外，地方政府还需要根据国家的统一规划和法律要求，在发挥自身优势的基础上确定本地区境外投资的战略和方向，并制定地方层面的投资管理细则。

驻外使馆商务参赞处对企业境外投资进行管理和引导主要是一些服务型

和协调型的措施，包括帮助协调企业与当地政府关系、为企业提供相关投资信息、维护中国企业在境外的合法权益、并在企业与当地政府或劳工发生矛盾冲突的时进行协调支持。

4.2 中国境外投资的政策演变

我国关于境外投资的政策规范使用的名称都不统一，常见的包括“对外投资”、“对外直接投资”、“境外投资”、“境外直接投资”、“海外投资”。[①] 通过在“北大法宝”数据库分别检索这五个关键词，同时在商务部、发改委、外汇管理局等主要管理部门的官方网站上进行检索以补充缺漏的法条，共收集新中国成立以来到 2013 年 3 月与境外投资相关的政策法规 133 条。下文的统计数据均来源于该数据库。[②]

本章主要从时间阶段、立法层级、政策主题和内容三个维度剖析“走出去”政策体系。

在时间维度上，以一些标志性的事件为时间点，将境外投资政策的演进划分为四个不同的时间段。在立法层级维度上，将这些政策法规的效力级别进行划分。根据《中华人民共和国立法法》的规定，我国在中央层面的法律法规和行政规章按法律效力级别可以分为以下几个层级：第一层是宪法；第二层是法律，由全国人民代表大会制定；第三层是行政法规，是由国务院制定，其中包括行政法规、行政法规解释与国务院规范性文件；第四层是部门规章，由国务院各部委、中国人民银行和国务院直属机构负责制定，其中包括部门规章与部门规范性文件。以上几个层级的法律效力依次降低。在政策主题和政策内容维度，按照境外投资政策的具体政策内容，可以将其分为两种：一是全面部署

① 对外投资包括对外直接投资和对外间接投资，前者主要是指具有实物资产的投资方式，后者主要是指债券等金融资产方式进行的投资。鉴于“走出去”政策主要是针对直接投资部分，因此本文中主要讨论“对外直接投资”和“境外直接投资”部分。

② 数据库的结构、内容和分类参见和吸取了 Shi, Weiyi. 2013. *Database of Regulations on Chinese Outward Direct Investments,* University of California, San Diego.

境外投资整体规划的战略性文件，二是针对某项具体政策主题的详细规范。第二种又可分为管理与审批政策、鼓励与支持性政策和公共服务政策三大类。

中国促进境外投资的政策体系是在改革开放后随着海外投资的发展而逐步建立的，在1979—2009年间经历了初期探索、初步发展、调整整顿、渐次提

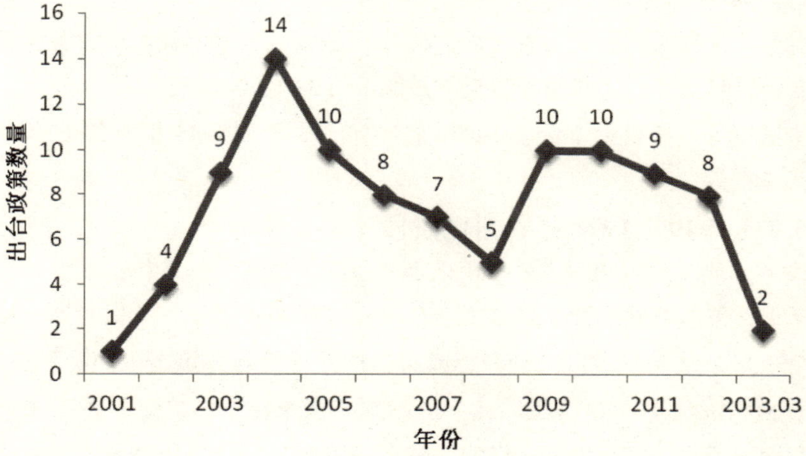

图23 中国颁布的境外投资政策法规数目（截至2013年3月）

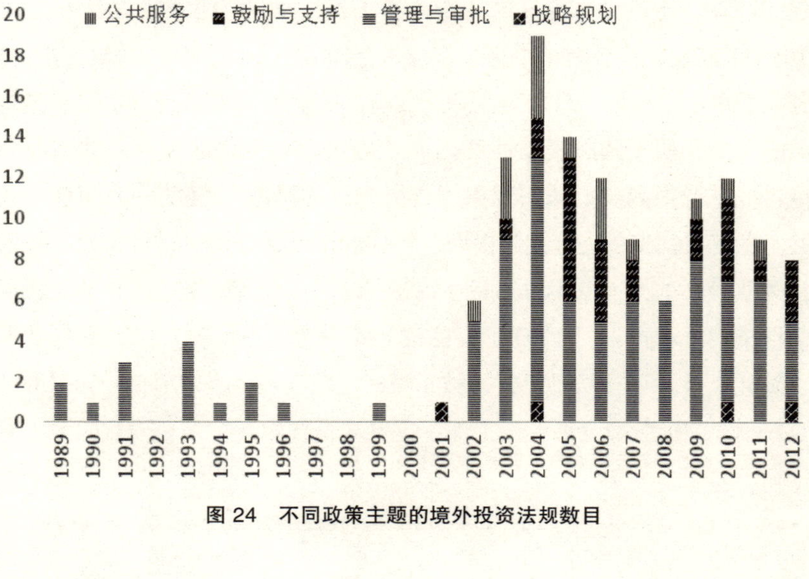

图24 不同政策主题的境外投资法规数目

升和全面发展这五个时期，具体政策逐步完善，从重视管理向重视激励转变，是一个由限制到鼓励的演进过程（张广荣，2009；董彦岭，2012）。随着改革开放以后中国企业海外贸易和直接投资活动的增多，政府的境外投资政策框架也慢慢建立起来。2001 年实施“走出去”战略后的两三年，相关政策条文数量激增，到 2004 年达到高潮，境外投资政策体系初步建立（图 23）。随着促进境外投资相关政策体系的逐步完善，2001 年后的政策重点开始从管制审查为主到转向鼓励与支持、公共服务等类型并重（图 24）。

中国境外投资政策体系主要经历了封闭、限制、鼓励、完善四个阶段。

4.2.1 1949—1978 年：封闭阶段

改革开放以前，中国主要采用依靠自身的内源式发展路径，很少参与国际经济活动，仅与苏联等社会主义国家有一些对外经济交流。早期对外直接投资的制度安排多从国际关系的视角，政策目标是进行对外援助以突破外交困境，营造有利国际环境。这类援助让中国与这些国家建立了良好的关系和人际网络，有助于后来中国与之进行经贸往来，开拓市场。这一时期没有发布与境外直接投资相关的法律政策。

建国初期，中国曾与苏联、捷克斯洛伐克、波兰等国家建立合资企业。但随着 1960 年苏联撕毁合同、中止经济技术合作项目，中国放弃开放而走向封闭。这个时期基本上没有再出现合资企业，仅有的一些对外直接投资项目都是基于外交关系的考虑，属于国际援助性质。在本身经济基础仍非常薄弱的情况下，中国还是对亚非拉很多友好国家提供了力所能及的援助。援助分为两种形式，一是提供无息贷款，二是进行无偿援助，包括成套项目援助、物资援助、技术援助和资金援助等。据统计，从 1954 到 1978 年，中国先后“向近 70 个国家提供了成套项目援助，承担项目 1307 项，建成 884 个大中小型项目，大部分属于工业和交通项目。”[①] 由于受援助国经济技术情况比较落后，援建项目一般采取“交钥匙”的方式，中国包揽全部建设工作，提供成套技术、工艺和设备，派出专家和

① 梅新育：《中国援外长远为本》，http://www.lwgcw.com/NewsShow.aspx?newsId=27493，2012 年 6 月 5 日。

工程技术人员组织施工，建设完成之后把“钥匙”交给受援国。

4.2.2 1978—1992 年：限制阶段

由于封闭式发展的局限，中国经济的进一步跨越面临着资金、技术的极大限制。1978 年，邓小平在十一届三中全会上明确指出要进行对外开放，在平等互利的条件下大力发展和世界其他国家的合作。但由于此时中国希望利用外资解决发展过程中的资金和技术等瓶颈，这种对外开放是以引进外资为主的。

改革开放后，中国开始探索从计划经济向市场经济转变，对外经济政策的重点在于“引进来”，政策目标是引进外资，以市场换技术。因此此时的对外经济政策是出口导向的，鼓励企业从事境外贸易活动，对外投资没有受到应有的重视，而是对其进行了严格管控。

1979 年 8 月，国务院发布经济改革的相关措施，允许出国办企业，境外投资开始启动。中国开始大量组建对外工程承包和劳务合作公司，而这些公司多由原来政府对外经济技术援助机构改组发展而来。1982 年，外经贸部提出跨境企业运营的四大原则：以贸易为主、以出口为主、以代理为主和以国际贸易为主。因此与对外贸易呈互补关系的海外投资即顺贸易型对外直接投资增加，但规模仍然很小。

随着对外经济的发展，非贸易型对外直接投资需求逐渐出现。为了应对现实需求，1985 年 7 月，外经贸部发布《关于在国外开设非贸易性合资经营企业的审批程序和管理办法》，规定有一定资金来源、技术水平和合作对象的经济实体均可跨境经营，这就明确了非贸易类企业进行对外投资的资格。同时还简化了审批手续，下放部分审批权限。此举大大促进了非贸易类对外直接投资的发展。1988 年后，国务院批准中国化工进出口总公司为试点单位，探索对外直接投资经营。越来越多国有大中型企业获得了跨境经营权，开始尝试对外投资。

这一时期颁布了 6 部境外投资相关政策，均是审批核准、外汇管理和日常监督方面的。总体而言，这一时期的境外投资政策以限制为主，强调对企业境外投资的严格审批、监督和外汇管制。一方面，政府部门对境外投资有相当严格的审批条件，只允许少数拥有进出口经营权的国有企业和外经贸部所属企业参与跨境经营。另一方面，相配套的外汇管理规定十分严苛，审批程序也非常复杂冗长，这都给境外投资设下了重重门槛，企业海外拓展的兴趣大大降低。

1991 年 3 月 5 日，针对企业海外直接投资增多、一些项目由于经验不足且不熟悉国际市场和法律而出现亏损的情况，国家计划委员会颁布《关于加强海外投资项目管理的意见》，指出“中国尚不具备大规模到境外投资的条件”，应该“侧重于利用国外的技术、资源和市场以补充国内的不足，并在平等互利的基础上加强‘南南’合作”。[①]当年 8 月 17 日，计委又发布了《关于编制、审批境外投资项目的项目建议书和可行性研究报告的规定》，详细规定了企业海外拓展的审批办法。

4.2.3 1992—2000 年：鼓励阶段

1992 年，中共十四大进一步提出发展外向型经济，开拓国际市场的要求，旨在构建全方位、多层次的对外开放格局。十四大报告中直接表明要“积极扩大我国企业的对外投资和跨国经营”、“鼓励能够发挥我国比较优势的企业参与国际投资”。[②]这意味着不仅仅国有企业能够走出去，民营企业也被纳入了对外直接投资的主体中，对外直接投资主体开始多元化。1997 年，中共十五大报告明确指出要积极利用“国内国外两个市场、两种资源”[③]，为对外投资指明了战略方向，表明我国开始重视参与国际经济循环、利用国际市场的资源配置功能。2000 年 10 月召开的中共中央十五届五中全会通过了“十五”规划建议，强调对外直接投资和引进外资并重，而且提出了一套支持企业境外投资的制度构想。

这段时期是从限制境外投资向鼓励境外投资转变的战略转型期，需要确立积极对外开放的思想基础。所以这一时期与境外投资相关的战略主要是以党中

① 国家计划委员会：《国家计划委员会关于加强海外投资项目管理的意见》，http://www.chinalawedu.com/falvfagui/fg22016/56330.shtml，1991 年 3 月 5 日。

② 江泽民：《中国共产党第十四次全国代表大会报告》，http://cpc.people.com.cn/GB/64162/64168/64567/65446/4526308.html，1992 年 10 月 12 日。

③ 江泽民：《中国共产党第十五次全国代表大会报告》，http://cpc.people.com.cn/GB/64162/64168/64568/65445/4526285.html，1997 年 9 月 12 日。

央在历次人大会议上的“定基调”为主，相关政策出台较少。长达8年的时间里只发布了9项政策，而且都是关于外汇管理和日常监管的。但从战略上来说，虽然仍以吸引外资为主旨，政府已经开始重视境外投资，在战略上鼓励企业“走出去”，同时也在《关于编制、审批境外投资项目的项目建议书和可行性研究报告的规定》的基础上制定了一些外汇管理和项目管理的配套法规。

4.2.4 2001年至今：境外投资政策体系逐步形成

2001年3月全国人大九届四次会议召开，“走出去”战略被列入“十五”计划纲要，正式上升为一项重要国家战略。此时，“走出去”战略被提到与发展对外贸易和积极利用外资并重的高度，成为发展开放型经济的三个重要支点之一。同时《纲要》还明确指出支持对外承包工程和劳务合作、开展境外加工、采掘境外资源和设置境外研发机构这几种投资领域，着重在于利用境外市场、资源和技术。首次提及境外投资服务体系的建立健全，要求“在金融、保险、外汇、财税、人才、法律、信息服务、出入境管理等方面，为实施‘走出去’战略创造条件。完善境外投资企业的法人治理结构和内部约束机制，规范对外投资的监管。”①

2002年，中共十六大再次强调“走出去”的重要性，将其作为与“引进来”并重的对外开放举措。会上更是明确提出鼓励多种所有制企业积极参与跨境经营，尤其鼓励能够有效带动我国商品贸易和服务贸易出口的企业进行对外资本输出。

2006年公布的“十一五”规划纲要将境外资源开发和基础设施建设作为鼓励的重点，鼓励跨国并购，并强调跨国公司的培育。

2007年，中共十七大报告强调把“引进来”和“走出去”更好地结合，内外联动，提高开放质量，“创新对外投资和合作方式，支持企业在研发、生产、销售等方面开展国际化经营，加快培育我国的跨国公司和国际知名品牌，注重

---

① 《中华人民共和国国民经济和社会发展第十个五年计划纲要》，http://news.xinhuanet.com/zhengfu/2001-10/18/content_51471.htm，2001年3月15日。

防范国际经济风险”。[①]这意味着“走出去”战略正在朝更加纵深的方向发展。

2011年，“十二五”规划纲要在强调“引进来”和“走出去”统筹发展的基础上，提出了新的要求：一方面要加强海外投资环境研究与科学评估，另一方面要求境外投资的企业履行社会责任、造福当地人民。同时也要求政府自身“提高综合统筹能力，完善跨部门协调机制，加强实施‘走出去’战略的宏观指导和服务。加快完善对外投资法律法规制度，积极商签投资保护、避免双重征税等多双边协定。健全境外投资促进体系，提高企业对外投资便利化程度，维护我国海外权益，防范各类风险。”[②]

由于“走出去”上升为国家战略，再加上2001年末中国正式加入WTO，也要求政府兑现推进贸易与投资自由化的承诺，在这种背景下，这一时期的政策导向从支持鼓励“引进来”转向“引进来”与“走出去”并重，鼓励企业海外投资。

一方面，政府进一步放松对境外投资的管制，企业纷纷跨出国门，国际化经营模式日趋多样化，投资规模迅速增长。另一方面，为推动“走出去”战略更好地落实，政府开始为企业进行境外直接投资创造有力的支持政策和制度环境。

这一时期颁布了118条境外投资相关政策法规，占法规总数的89%。从2001年开始，呈现直线上升的趋势。2004年前后是出台相关法律的一个小高峰。此前我国的企业境外投资一直没有完善的规范体系，在此之后，各项制度逐渐建立起来。而且从2002、2003年前后，鼓励支持境外投资和促进公共服务体系建设的政策开始发布。以前阶段的规定以都对投资的审批和监管措施为主。而在2002年之后，一方面，战略上的鼓励支持慢慢落实到政策上，促进境外投资和完善共公共服务的相关规定逐渐完善。另一方面，对海外投资的监管与审批经历了从审批到核准、从限制到鼓励的转变。“走出去”正式上升为

① 胡锦涛：《中国共产党第十七次全国代表大会报告》，http://cpc.people.com.cn/GB/64162/64168/106155/106156/6430009.html，2007年10月15日。

② 《中华人民共和国国民经济和社会发展第十二个五年规划纲要》，http://news.xinhuanet.com/ziliao /2011-03/28/c_121239866.htm，2011年3月28日。

国家战略以来，对审批的要求不断简化和放开，更强调日常的监督管理。

2004 年 7 月，国务院颁发《关于投资体制改革的决定》，确定了我国境外投资政策从严苛向逐渐放宽转型的大方向。随着境外投资管理从审批制转向核准备案制，政府不再过度介入市场和企业决策，扮演规制者的角色，而是慢慢退回到“守夜人”的身份，更加注重对企业的引导、支持和服务，营造利于经济发展的大环境。同时政府做出了一系列政策调整，包括对企业对外投资实施财税金融政策扶持、简化行政程序、放松对外投资资本和外汇管制、提供投资机会信息和指导服务、降低政治和投资风险等。

2009 年，政府对 2004 年发布的《境外投资项目核准暂行管理办法》进行了调整，颁布《境外投资管理办法》，进一步下放核准权限，简化企业申报材料和审批程序。同时，这个阶段还发布了投资国别引导和产业指引等公共服务类政策，对外投资促进与服务体系逐渐完善。

4.3 现行境外投资政策框架和对企业激励机制的影响

对外投资政策是一个综合体系，是政府对境外投资进行规范和管理、支持

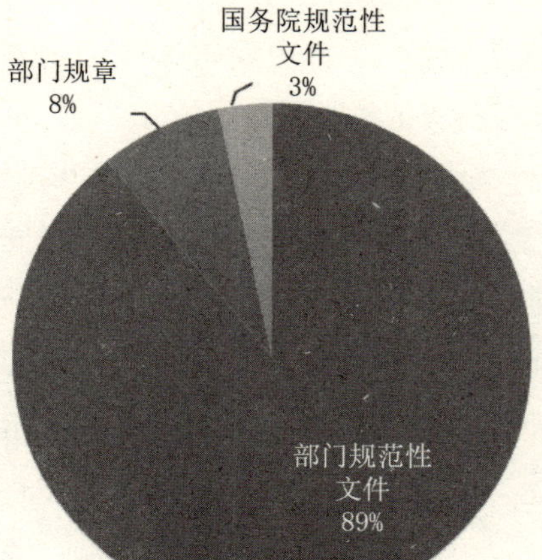

图 25　各效力级别法规数量（扣除失效法规）

企业对外直接投资、促进企业走出去的一系列政策的总称。通过不同层级法律法规的规范，保证了我国对外投资稳步有序的发展。与此同时，我们也应该看到，我国现有的对外投资管理体系在降低企业风险、激励企业管理效率方面仍有局限之处。主要表现在以下方面：

一是对外直接投资的战略部署和顶层设计在宏观层面上保障了国家经济安全，但是某种程度上也减少了企业自身决策的余地。从立法层级来看，中国现行有效的规范和支持境外投资的政策以部门规范性文件为主，占了法规总数的97%（图 25）。

二是对外投资和对外援助界定模糊，起到了相互带动作用，但也减少了企业自身盈利压力和考虑。“对外援助是否增加了对外直接投资”在理论上仍是模糊的，当对外援助用于投资互补投入时（如公共基础设施和人力资本投资）会提升资本的边际生产率，但如果单纯采用物资资本转移方式，则会对私人投资产生挤出效应。[①]对外援助是中国对外工作的重要组成部分，中国的对外援助打破了发达国家的垄断地位，促进了对部分地区的贸易增长，改善了贸易结构，对于创造和平稳定的国际环境具有重要意义，同时，对发展中国家的对外工作也有利于走出去企业更好地利用境外资源，将自身的成熟技术和设备转移到发展中国家。然而，现有对外援助的内部经济实力，以及外部环境已经发生了较大的改变。原有政治、外交目标主导的对外援助方式，在管理效率、援助方向等方面已经不能适应已有的需求。

从对外援助的管理来看，中国对外援助与对外投资同属于商务部管理。在政策设计上模糊了援助与投资的目标。1980 年代走出去的第一批对外投资企业基本来自原先实施对外援助部门所辖企业改制而来，这也造成了后续对外投资中企业在本身经营方式上沿袭了对外援助的特点，同时，政企不分的特点也使得企业倾向于依赖政府作为抵抗风险的第一道屏障，直接将风险外化给政府。

① Pablo Selaya, Eva Pytter Sunesen. Does Foreign Aid Increase Foreign Direct Investment?, *World Development*, 2012, pp. 2155-2176.

从投资形式的视角来看，除了政治和国际义务等非经济性目标差异化，对外援助与对外投资的投资形式基本是一致，涉及的产业领域相似（表4）。因此，这种政治目标与经济目标存在冲突的对外援助，在一定程度上挤占了对外投资的空间，甚至形成冲突。部分国有企业在承担对外援助任务的同时，也在相应的领域进行了对外投资。对外投资和对外援助之间界限的模糊，一方面使得承担对外援助任务的企业可以利用“搭便车”来弥补自身投资的风险，形成风险的“外部化”，另一方面也会扭曲目标国市场，对于只能将风险内部化的非援助任务企业造成不平等竞争。

表4　中国对外援助项目方式

序号	对外援助方式	年份	援助领域	金额或数量
1	成套项目	1950—2009	工业、农业、文教、卫生、通讯、电力、能源、交通	2000多个
2	一般物资（援助资金项下）	1950—2009	机械、医疗、检测、交通、办公用品、食品、药品	N
3	技术合作	N	N	N
4	人力资源开发合作	1953—2009	农业、林业、水利、轻工、纺织、交通、卫生、环保、管理等	4000多期（培训12万人）
5	援外医疗队	1963—2009	涉及69个国家，派出2.1万名医护人员，受援国患者达2.6亿人次	
6	紧急人道主义援助	2004—2009	200次	
7	援外志愿者	2003—2009	汉语教学、中医治疗、农业技术、体育教学、计算机培训、国际救援	8400人次
8	债务减免	2000—2009	50个国家的汉语、体育教学、医疗、信息技术、农业科技、国际救援等	5次共380笔，255.8亿人民币

注：N为未查到数据。

资料来源：国务院新闻办公室《中国的对外援助》白皮书，新华社2011年4月21日数据整理。转引自王迎新：《中国对外援助与外贸、对外投资的协调发展》，《经济研究参考》2012年第56期。

三是过于严格的审批制虽然在一定程度上控制了企业走出去中所谓“盲目”投资的风险，但同时也把企业对风险的控制外化到了政府层面，对于多数对外直接投资来说，时间成本和机会成本的丧失往往会对企业的投资激励产生负面效应。从现有对政策整理的数据来看，虽然近年来对外投资的审批制度陆续进行了改革，但在整个政策体系中，管理与审批政策占主要地位（图26），鼓励性政策文件较少，公共服务支持体系的建立仍显不足（图27），其中管理与审批部分的政策以监管为主，体现了我国计划经济体制“遗留下”的特点。

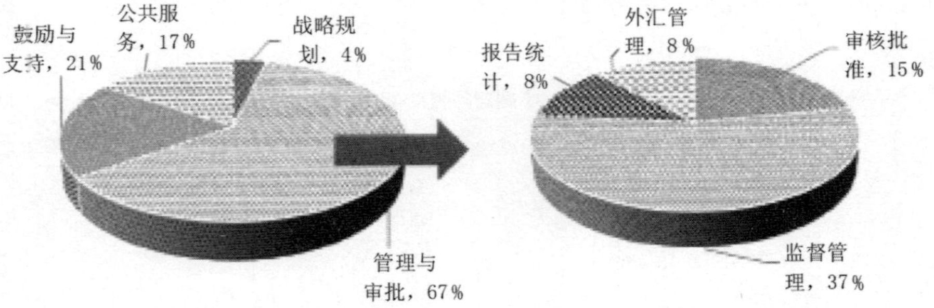

图26 按政策主题统计的法规数与“管理与审批”政策细分

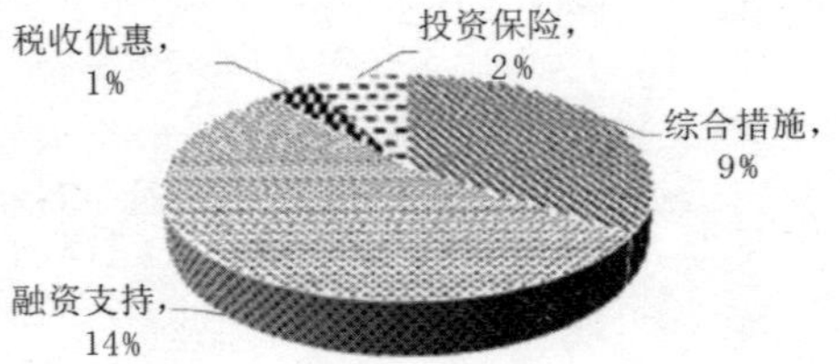

图27 鼓励与支持政策统计

审批备案是中国企业走出去的第一步，也是必要条件。目前，在海外投资审批管理的过程中，企业的投资项目需要在发改委立项，发改委根据投资类型和投资额的多少对企业境外投资进行审核（表5），同时，在商务局对企业进行备案后再次根据投资额和投资类型进行审查（表6），完成两次审核后，企业需要报外汇管理局备案，由外汇管理局控制资金如何流出。国家外汇管理局对境外投资资金的外汇收支和外汇登记进行监督管理，主要包括外汇登记、资金汇出、前期费用汇出和资金汇入及结汇的一些相关规定。

表5　国家发改委企业境外投资审核

投资类型	中方投资额	核准权限
资源类	3亿美元以上	国家发改委核准
	3000万—3亿美元	省级发改委核准后报国家发改委登记
	3000万美元以下	省级发改委核准
非资源类	1亿美元以上	国家发改委核准
	1000万—1亿美元	省级发改委核准后报国家发改委登记
	1000万美元以下	省级发改委核准

表6　商务部企业境外投资审核

	国家商务部审核	省级商务主管部门核准
投资额	1亿美元以上	1000万到1亿美元
投资类型	投资于未建交国家； 投资于特定国家或地区； 设立境外特殊目的公司	能源、矿产类投资； 须在国内招商的投资

现有的监督管理政策主要是指针对境外投资项目日常管理、风险控制进行监督管理的规范文件，包括境外投资联合年检、对外投资综合绩效评估等。其中对国有资产及其财务管理有另外的规定，需要定期报送国有资产产权登记表，保证国有资产在境外投资过程中增值保值。但在风险控制方面，只有《关于印发〈对外投资合作境外安全风险预警和信息通报制度〉的通知》和《关于建立境外投资重点项目风险保障机制有关问题的通知》两个规定，以及境外安全风险报告制度。

四是对外投资的鼓励政策虽然在一定程度上帮助企业分担风险，为企业提供保障，但同时也减弱了企业自身控制风险的激励。2003年以来，政府陆续出台了各项鼓励企业境外投资的政策措施。其中综合性的鼓励措施占了很大比重，集中在对企业的融资支持方面，还有少数的税收优惠与投资保险措施。

国家对企业的资金支持主要有三个方面：一是设立多项专门的资金来支持不同重点行业和项目的海外拓展；二是为企业直接提供贷款支持；三是以产业投资基金的方式对企业进行支持。这些支持对装备制造、境外矿产资源勘查开发以及中小企业向新兴市场投资起到了基础性作用，但对于国有企业与民营企业的差异化资金支持政策，通过扶持国有企业的“政府的手”扭曲了看不见的“市场的手”。

税收优惠是我国走出去支持中的另外一个重要方面，我国与一些国家签订了避免双重征税的双边协定，企业在这些国家的经营税收可以抵免。①另外，对于承担国家援助项目的企业以及在海外经营中由于不可抗拒的风险因素导致亏损的企业，政府也有税收减免的措施。这样的政策虽然增强了企业走出去的信心，但利用调节市场工具的税收作为部分企业降低风险的措施会造成不公平竞争。

直接支撑中国企业走出去风险控制的是保险制度。中国出口信用保险公司是中国政府支持企业发展对外经济，帮助企业分担境外投资收汇风险的主要机构。它为企业提供政策性保险，避免对外经济过程中的政治风险等。国家财政为中信保提供一定的资金作为准备金。但目前中信保的业务仍以支持对外贸易为主，对境外直接投资的支持力度还不够。

五是现有公共服务主要是信息提供和法律服务，仍不能满足企业对国内外走出去相关风险的需求。目前，国家主要对走出去信息的提供主要是采用了信息引导的方式。中国政府保障境外投资的信息服务体系主要有两项报告制度和多个国别、地区或产业指导，其中《国别贸易投资环境报告》提供了分国别的市场需求、行业机会及经济与法律情况，《国别投资经营障碍报告》主要论述中国企业境外投资过程中在东道国遇到的各种风险问题和阻碍，涉及投资环境的方方面面。除此之外，商务部还发布了亚洲、非洲、拉美、中东欧等地的

① 截止到2010年底，我国已与107个国家签订了避免双重征税协定，与127个国家签订了双边投资保护协定，建立起与投资相关的国际法律保障机制。（卢进勇：《走出去战略与中国跨国公司崛起》，首都经济贸易出版社2012年版，第49页）

《境外加工贸易国别指导目录》，以及《对外投资国别产业导向目录》和《对外投资合作国别（地区）指南》，引导企业境外投资的流向。这些涉及风险管理的政策措施只是泛泛地提到应该建立风险预警机制和管理体系。

在法律服务方面，商务部通过《中国企业境外投诉服务暂行办法》，为企业提供政策信息服务、法律咨询和在遇到境外投资纠纷时的法律协助。同时还建立了“商务部中国企业境外商务投诉服务中心”，无偿为境外企业提供商务投诉服务。

除提供信息与法律咨询之外，政府还成立了境外中资企业商会，旨在加强企业间以及企业同当地业界的交流，维护它们的合法权益。在信息公开和公平的基础上，为企业提供信息的公共服务不会扭曲企业对风险的决策。但是从政策激励的视角来看，政府并不清楚每个企业的风险偏好，如何让企业披露风险偏好？政策必须是激励相容的，对外投资政策的整体效应如何体现？这些都是我们需要探讨的问题。

4.4 国有与民营企业风险管理规范

制度变革会通过影响管理者激励、交易成本和代理成本以及产业内外资源的选择性配置来影响企业绩效（Park 等，2006）。企业“走出去”政策及相关优惠、目的国招商引资的优惠政策以及双边贸易或投资协议对企业海外投资决策来说都非常重要。国有企业和民营企业由于历史原因和现实基础的差异，在所有权归属、公司治理结构、发展目标定位、企业规模、社会责任等方面各有特点，决定了他们在对外直接投资中对政治风险不同的认知和管理结构。对于不同性质的企业，政府分别出台了一些针对性的法规来进行指导和规范，对国有企业与民营企业产生的不同影响。

同时需要关注的是跨国公司在对外直接投资中的激励机制。发展中国家的国有企业作为一种特殊的资产组织形式，与宏观制度之间存在各种关系，同时，由于受到制度约束，发展战略的选择范围也会更小（Peng，Heath，2006）。对于国有企业与民营企业的风险管理差异，也有观点认为前者集中体现在治理层面，或者主要体现在管理层面。同时，我国的民营企业多数属于中小企业，而这类企业对外投资的最大劣势就在于规模经济效益差，风险抵御能力弱。中国企业似乎不具备特属于企业的所有权优势（王碧珺，王辉耀，2013）。

4.4.1 政策目标的影响

在市场化过程中，中国曾经出现了多种所有制形式的企业，包括国有企业、民营企业、乡镇企业等，由于各自所有权和治理结构的差异，影响企业的投资决策（Che，Qian，1999）。国有产权的基本功能主要表现在政治功能、经济功能和社会功能三方面（杜洵诚，严国海，孙林等，2007）。在走出去过程中，国有产权的政治功能，尤其是在国际社会中发挥的作用，是民营企业所不具备的。这也就决定了国有企业与政府之间关系的四大要素，即国有企业发展的技术核心、财务自给程度、政府监管结构以及与外部集团之间的政治博弈规则在影响企业对外投资决策中的差异性（Hafsi，Kiggundu，et al.，1987）。

从政策目标层面来看，现阶段的政策对国有对外投资及其风险管理具有更大的影响。这不仅表现在现有政策目标定位所产生的影响，而且由于对外投资和对外援助在国企层面目标的重叠性，也使得国有企业更容易受到政策影响。

目前，针对国企的境外投资政策多集中在管理与审批方面。对国有资产境外投资的审慎管理始于1993年，此后国家陆续颁布了十部专门针对国有企业境外投资管理的政策法规，包括《中央企业境外投资监督管理暂行办法》、《中央企业境外国有产权管理暂行办法》、《中央企业境外国有资产监督管理暂行办法》、《关于加强中央企业境外国有产权管理有关工作的通知》、《关于规范国有企业境外投资中个人代持股份有关问题的通知》、《关于加强中央企业境外投资管理有关事项的通知》、《关于进一步规范我国企业对外投资合作的通知》、《关于印发〈关于用国有资产实物向境外投入开办企业的有关规定〉的通知》以及与其相配套的两份授权有关单位办理国有资产实物境外投资出口检验手续的通知。国务院国有资产监督管理委员会是监督和审查国企境外投资的主要机构。根据这些政策的规定，国企特别是中央企业要在以下两方面接受更严格的管控：首先是在审批方面条件更加严格，国有资产在投资前必须经过国资委的国有资产重大投资项目立项备案，办理境外投资标的资产评估及备案，还要在审批后及时办理境外投资产权登记程序，同时不得进行非主业投资；其次是在日常管理方面，境外投资管理制度和年度计划要报国资委备案，项目管理、出资管理都更加严格，境外企业重大事件要报国资委审批，同时要接受国资委的不定期抽查，保证国有资产在境外运营良好。

而针对民企的对外直接投资政策都是鼓励与引导方面的。从2005年开始，政府陆续颁布了8部专门鼓励支持民营资本投资境外的政策，包括《关于鼓励和引导水运行业民营企业境外投资和跨国经营的若干意见》、《关于印发鼓励和引导民营企业积极开展境外投资的实施意见的通知》、《关于鼓励和引导民间投资健康发展有关外汇管理问题的通知》、《关于鼓励和引导民间投资健康发展重点工作分工的通知》、《关于鼓励和引导民间投资健康发展的若干意见》、《关于鼓励支持和引导非公有制企业对外投资合作的若干意见》、《关于鼓励和支持民营企业"走出去"的若干意见》和《关于实行出口信用保险专项优惠措施支持个体私营等非公有制企业开拓国际市场的通知》。根据这些政策的规定，国家对民企境外投资实施多方面的鼓励：首先是加强宏观指导和统筹协调；其次是加大金融保险和财税支持；第三是简化审批程序和外汇管理；第四是提升对民企的信息和中介等各方面服务水平。但是这些政策多方向性、原则性、指导性的，属于综合鼓励措施，缺乏更具体细致的操作条款。

对于不同行业的境外投资，政府也有不同的管理政策和支持力度。这样的政策支持对于国有企业更有激励。在管理审批方面，资源开发类项目由于其投资规模一般较大，所以审批的资金门槛较非资源类有所降低。资源类项目中方投资额超过3亿美元才需国家发改委审批，而非资源类大于1亿美元就需要国家发改委审批。基础电信运营、大规模土地开发等项目由于较为敏感、风险较大，所以受到更严格的审批限制，不论投资额大小都要经省级发改委初审后报国家发改委核准，或是国家发改委核准后报国务院审批。

同时，国家设定了一些重点优先行业给予经费、保险和信贷支持，所涉及的政策主要包括《关于对外经济技术合作专项资金支持政策有关问题的通知》、《关于建立境外投资重点项目风险保障机制有关问题的通知》和《关于对国家鼓励的境外投资重点项目给予信贷支持政策的通知》。经费方面，财政部和商务部每年发布对外经济技术合作专项资金支持政策，对重点项目给予直接补助和贷款贴息，这些重点项目包括农林渔和矿业项目、装备制造、境外研发中心等。保险方面，境外投资的风险保障机制主要支持的是国内较缺乏的资源的境外开掘、生产型和基础设施项目的建设、境外研发中心以及能够提高企业竞争力的并购项目。[①] 信贷方面，境外投资专项贷款也是支持以上重点项目。可以看出，能源资源和基础设施领域的投资都是国家支持的重点。另外，在信息技术和高科技领域，政府还专门出台了《关于推进我国信息产业"走出去"的若干意见》、《关于鼓励科技型企业"走出去"的若干意见》等专门政策，推动高技术境外投资。

从上述政策内容可以看到，国企和民企受到的政策激励存在一定的差异性。国企由于投资目的、资金属性等限制，往往会受到更多政治因素的制约，但也正是因为和政府之间千丝万缕的关系，带来了在资金使用方面的优惠政策，而这类的监管政策往往使得国有企业存在将风险外生化的激励。相比于国企，民企则更多需要依靠自身的投资判断和资金积累，在政策上受到的约束较小，主要是投资方向等方面的引导，在可利用的信息方面也会处于相对的劣势。

我们的调查数据也印证了这一判断，从第三章的图 18 中可以看到，国有企业在走出去过程中受到的政策激励主要来源于企业资金来源方面（如国有企业在优先获得外汇、优先获得返销配额方面的优势，参见图 22），同时也来源于企业在风险管理中得到的不同政策支持。而且，我们可以看到，国有企业更重视双边协定的作用，这在某种程度上也是由于进行对外投资的国企往往也会承担对外援助的项目，或者说其对外投资本身就是对外援助的一部分，这种边缘性的模糊也使得国有企业更容易受到政策的影响。

① 国家发展与改革委员会：《关于建立境外投资重点项目风险保障机制有关问题的通知》，http://wzs.ndrc.gov.cn/zcfg/jwtzp/t20080411_203668.htm，2005 年 1 月 25 日。

4.4.2 行政监管的影响

政府对企业的行政监管更多体现在战略性资源或者说是资源类行业，而涉足这些行业较多的是国有企业。在审批管制方面，虽然发改委最近两年放开资源和非资源并购的审批限额，将一些境外投资项目核准权限下放给省级发展改革部门。但由于中国企业走出去进行海外投资的多数仍是大企业，中小型企业较少，尤其是进行海外资源并购的案例更少，所以目前只有国家层面的政策框架，地方层面上没有相应的政策体系。审批权限下放之后，省一级的发改委原先几乎没有做过这方面的工作，也没有相关细则说明进行规范。而在政策鼓励方面，政府对海外投资的鼓励仅仅是指导性的意见，没有相应的政策支持体系可以保证实施，对企业而言没有实质性的帮助，缺乏能够提升企业境外投资能力和投资预期的手段。

国企在能源资源和基础设施境外投资中占主力而民企海外拓展能力不足，这在一定程度上是由于历史上对民企重视和保障不足造成的。近年来，中央政府陆续出台了许多鼓励民营资本投资海外的政策与严格管控国有资本境外投资的措施。而且在目前，境外投资审批是方向性的，政府更鼓励从事实体经济的企业进行海外拓展，而不仅仅是操纵金融工具，主要发挥协调作用，避免国内企业同时竞标一个项目而抬高价格，因此在审批过程中对国企与民企一般是一视同仁的。但这种政策转向还不能弥补民企与国企能力差异的鸿沟。而且这些专门鼓励民营资本“走出去”的政策也大多没有落实到操作层面，民企仍面临很多困境。

但民企海外拓展过程中在政策方面也有其优势。政府对国企的审批和管制更加严格，民企由于审批环节更少，在投资的过程中反而更迅捷。反而是国企在走出去的过程中必须寻找方法来规避这种烦琐的程序。

对能源资源和基础设施项目的投资不足并不完全是由于缺乏支持政策。国家政策大力鼓励矿业和基础设施境外投资，侧重支持该类境外投资行为，给予了很多经费、保险和信贷方面的优惠政策。但从目前来看，企业进行境外矿业投资的意愿仍不强，数量也不多。同时也不排除另外一种可能，即由于能源资源和基础设施类海外项目通常投资额很大，往往需要中央政府审批。

一些企业为了规避审批程序、缩短审批流程，压缩了此类海外投资的数量和额度。

4.4.3 治理结构的影响

国有企业和民营企业之间风险管理存在差异的部分原因在于治理结构的差异，这也是由各自不同的性质、目标和社会责任所决定的。中国企业在走出去的国际化过程中除了面临企业制度、生产经营行为以及宏观管理的国际化挑战外，还需要面对产品或服务市场（Zif，1981；李文锋，2001）。国有企业的社会责任是社会对国有企业行为的客观期望，具体体现为国有企业的非经济目标和经济目标（黄速建、余菁，2006）。国家会干预战略边界问题、定价决策、资源获取以及流动问题，从而降低了国有企业的自主能力（Lioukas et al.，1993）。就国有企业的治理结构而言，风险治理机制的外在性特征非常明显，如财务风险可以由国有银行负责，经营风险由国资委来监控，法律风险、政治风险可以由政府兜底，即国有企业没有实现风险管理的必要制度和机制基础（杨志远，2012）。在国际竞争中，企业的所有权结构会影响企业进入的产品线、市场领域和客户基础（Mascarenhas，1989）。

作为跨国企业发展的重要外部环境，外部权威性的多元性以及价值分享的多元性影响企业进入海外市场的模式（Sundaram，Black，1992）。国资委与国有企业管理者之间是典型的委托代理关系，因此在企业内部风险管理和国资委对权属企业风险管理之间在管理性质、管理目标、实施主体、事项识别和风险评估客体、重大事项决策管控以及风险应对等多方面存在不同之处（曹元坤，王光俊，2011）。从这一点来看，民营企业的风险管理不存在上一级的委托代理关系，从决策目标来看具有单一性。

表 7　企业内部风险管理和国资委对权属企业风险管理的主要区别

类别区别项	企业内部风险管理	国资委对权属企业风险管理
管理性质	对风险的直接管理	对风险的间接管理
风险	既关注风险，又不忽视机会	强调不利影响和损失

续表

类别区别项	企业内部风险管理	国资委对权属企业风险管理
风险管理目标	通过对风险的经营、利用和开发实现企业价值最大化	警示和督促权属企业防范风险，规避或弱化风险损失
实施主体	全体员工	国资委、权属企业高层管理者、外派监督者
事项识别及风险评客体	已经发生的事项和潜在事项的风险识别及风险评估	权属企业已经发生的重大事项的识别及风险评估
重大事项决策管控	决策制定过程的信息充分性、备选方案及其风险与机会的评估；决策执行过程的每一个关键节点	决策制定过程的合理性、合规性等；决策执行过程在一定期间呈现的综合结果
风险应对	评估风险后确定风险应对策略	评估风险后向权属企业示警

资料来源：引自曹元坤、王光俊（2011）。

另外，由于投资形式、产业选择、面对的风险特征以及风险形成原因等方面的差异，相对于国有企业，民营企业受到的政治压力较小（表8）。

表8　国有企业与民营企业的政治风险差异

	国有企业	民营企业
投资形式	民族利益型以、政府驱动型 资本密集型、技术密集型为主	劳动密集型为主 以合资为主
产业选择	主要集中与能源产业（石油、天然气、煤矿）、重工业（钢材、化工、冶金等）、运输业和银行业	主要集中在轻工业、机电业、五金业等；地域上以江浙一带为主
风险特征	经济利益与政策决策的冲突、不可预测性、政治性	应对较为分散
形成原因	产权背景与产权结构、非经济职能、战略性、企业行为与政府行为	多为不遵守当地的法律法规、民生风情或经营习惯，缺乏与当地企业和居民的沟通

资料来源：根据翁冉冉（2009）修改。

第五章
企业“走出去”的激励机制和风险倾向

5.1 模型变量选取与说明

前文根据研究基本分析框架（第二章图 2），先梳理了我国走出去政策体系，并从理论上推测了现行政策对企业形成的激励机制。通过归纳研究发现，我国政策体系多偏向导向和审批性政策。这些政策虽然出于保证经济安全和战略规划的考虑，却在某种程度上“外部化”和取代了企业自身的风险判断和管理决策，减弱了企业个体决策和企业个体盈利的直接对应关系。

从前文论述和问卷数据可以看到，现行走出去政策对于不同性质的企业所起到的约束和影响作用存在差异。国有企业承担国家国家战略使命，受到政策驱动和支持更多，风险和盈利外部化程度更高，因而我们可进一步推测，相对于民营企业，其对风险承受能力更大，投资风险倾向更高。

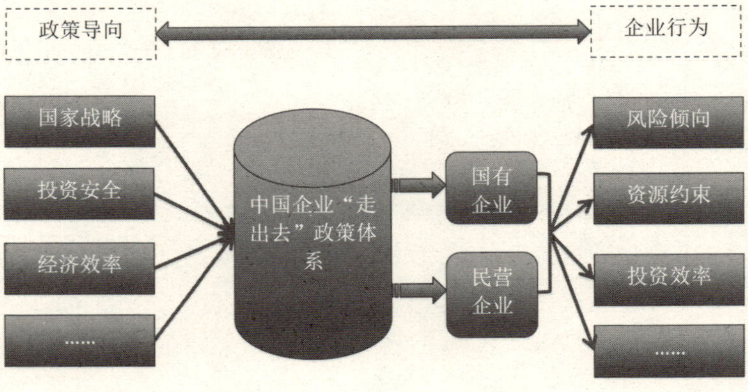

图 28　政策导向与企业行为的作用关系

报告最初所提出的视角二现在可以进一步细化为以下可验证假说：

假说 A：国有企业相对于民营企业风险倾向更高。

我们利用问卷数据进行回归分析来检测这一假说。数据为项目层面，即观察值为被调查企业单个海外投资项目。因变量设为项目客观风险（Project Risk Rating），数据来源于现行国际评估机构衡量的客观风险的主要依据，即国际国家风险指南（International Country Risk Guide，ICRG）。该客观指数包含多项分指标（包括战争风险、政府变更风险等），我们将各个分指标标准化后取其平均值。

我们的主要自变量是企业性质（虚拟变量，国有企业取值为 1，否则为 0），也就是说，通过观察企业性质和企业投资项目客观风险高低之间的关系，看国有企业项目是否有更高风险倾向。

国有企业可能面临更多风险的原因很多，我们要检验的是中国现行的政策机制是否为其原因之一。主要从几方面考虑控制变量：

投资行业：从已有研究可以看到，资源类投资本身就有较高的客观国别风险，主要体现在三个方面：一是资源的地域性，资源在哪里，企业就必须到哪里去开掘，这种局限使企业无法在投资决策的层面上自由选择投资地来规避国别风险。二是和此相关的是“后来者效应”（latecomer effect），这一效应在资源类行业尤为显著。在资源有限的前提条件下，如果治理良好、国别风险较低国家的资源开发已经饱和，后续的投资者就可能要去客观风险更高的国家。三是资源丰富的目的国家往往治理较差，存在所谓的“资源诅咒”（resource curse）。我们通过投资行业这个变量来控制中国对外投资本身行业取向和目的国风险的联系。中国本身产业格局就是国有企业在资源类产业中占主导地位，如果国有企业因为本来就在资源业而进行资源类投资，进而去到治理薄弱风险较高的国家，那反映的并不一定是我国走出去政策的激励作用，而是国内本身产业结构的作用，所以需要控制这一变量。

企业规模：在其他条件相当的情况下，大型企业对风险的承担能力更强，因为在某一个国家风险即使再高的投资相对于其本身的规模能产生的影响还是局部的。从前文描述性统计结果来看，问卷调查中国有企业规模平均大于民营企业。如果不把企业规模作为一个控制变量的话，就可能错误地认为走出去政策的激励导致了国有企业高风险的投资，而事实上，高风险倾向可能只是企业规模效应的一个副产品，和政策激励并没有直接关系。为了剔除这个可能，我们的回归模型把企业规模也作为一个控制变量。

5.2 回归模型与结果分析

我们采用稳健标准误差的最小二乘回归方法做回归分析，其中标准误差是根据企业进行分类的。这样做是因为我们的数据是以投资项目为观察单位的，而同一个企业可能有几个不同的投资项目，这些投资项目之间存在无法直接观察的关联性（unobserved correlation）。如果在回归模型中不考虑这一点，假定每个项目都是统计独立的（statistically independent），就会造成低估标准误差，偏向于错误的估计相关系数的统计显著性。因此使用稳健标准误差是更保守的做法。

表 9　自变量相关性分析

	2012 年企业营业额	投资决定受双边协议影响程度	投资决定受国内政策影响程度	投资决定受目的国政策影响程度	享受优惠政策	是国有企业	从事采掘或资源类产业
2012 年企业营业额	1.00						
投资决定受双边协议影响程度	0.06	1.00					
投资决定受国内政策影响程度	0.04	0.61	1.00				
投资决定受目的国政策影响程度	0.06	0.67	0.72	1.00			
享受优惠政策	0.07	0.10	0.20	0.15	1.00		
是国有企业	0.28	−0.02	0.01	0.02	0.10	1.00	
从事采掘或资源类产业	0.13	0.04	0.03	0.03	0.08	0.09	1.00

表 10　回归分析结果

	(1)	(2)	(3)	(4)
	项目风险系数	项目风险系数	项目风险系数	项目风险系数
2012 年企业营业额	-0.0235**	-0.0284***	-0.0287***	-0.0292***
	(0.00987)	(0.0104)	(0.0102)	(0.0101)
投资决定受双边协议影响程度		0.0862***	0.0751**	0.121***
		(0.0327)	(0.0341)	(0.0426)
投资决定受国内政策影响程度				-0.00775
				(0.0402)
投资决定受目的国政策影响程度				-0.0608
				(0.0463)
享受优惠政策			0.158**	0.165**
			(0.0697)	(0.0693)
是国有企业	0.157*	0.178**	0.155*	0.165*
	(0.0833)	(0.0880)	(0.0858)	(0.0839)
从事采掘或资源类产业	0.0914	0.0976	0.0789	0.0668
	(0.0875)	(0.0955)	(0.0922)	(0.0923)
Constant	-0.0600	0.178	0.189	0.0806
	(0.198)	(0.219)	(0.213)	(0.235)
Observations	460	397	397	394
R-squared	0.024	0.048	0.065	0.074
Robust standard errors in parentheses				
*** p < 0.01, ** p < 0.05, * p < 0.1				

基准模型的结果展示在表 10 的（1）列。从回归结果中首先可以看到，即使是在控制了行业和企业规模之后，国有企业的风险倾向还是更高。国有企业的投资项目面临的国别风险比民营企业高 0.15 个标准差。这个结果初步证实

了我们的假说，即国有企业风险倾向比民营企业高。而且，通过对控制变量的设置我们可以初步肯定，这一规律（empirical regularity）的存在并不能完全归结于国有企业在国民经济中的行业设定和规模优势，更有可能是政策机制或企业自身其他特征的驱动。

同时，观察回归系数可以看到，资源类投资的项目也面临更高的国别风险，这和前文提到的现有文献的结论是相符合的，但是统计相关性并不显著。这很有可能是我们样本数量少（尤其资源类企业）的原因。不过，与我们预想的相反，企业规模的增加没有和投资醒目风险成为正比。说明至少在我们的样本中，大企业并没有更多的到高风险地区投资。

如果说这个基准回归模型让我们初步证实了企业性质和风险倾向的关联，我们如何能更进一步更直接的证实现行政策和企业风险倾向的联系呢？在问卷设计中，我们对企业投资决策中受政策影响和支持程度提出了不少具体问题。把这方面的微观数据和项目国别风险关联，使我们能够很直接测算政策对企业投资风险倾向的作用。因此我们可以验证另外两个假说：

假说 B：受政策导向大的走出去企业风险倾向更高。

假说 C：受政策支持大的走出去企业风险倾向更高。

在促成企业走出去的动因方面，问卷除了问及企业在市场、品牌、技术、资源方面的动因之外，了解了政策对企业决策的影响程度。我们让企业在 1 到 5 的李克特量表（Likert Scale）上评价我国现有走出去政策、目的国政策和我国与目的国之间的双边关系对企业对外投资决策的重要程度（第三章图 18）。在回归模型中，我们把企业对这三方面的考虑程度分别作为三个自变量。

在政策支持方面，问卷具体问及了企业都受到国家哪些方面的政策支持（包括对固定成本或营业成本的补贴、低息或无息贷款、低价或免费保险、优先获得外汇、优先获得返销配额），我们把这些支持综合考虑，在回归模型中只做出“获得政策支持”和“没有获得支持”的区分，按照两分法形成变量。

我们在基准模型的基础上增加了政策动因的变量和政策支持的变量，所得回归结果展示在表 10 的（2）到（4）列。首先可以看到，受政策驱动较大的企业投资风险倾向也更高，这和我们前文提出的逻辑是相吻合的。尤其投资决策受我国和目的国之间双边协议影响较大的企业投资风险倾向显著较高。这个影响每升格一级，企业所选择投资项目所面临的国别风险就高出 0.08 到 0.12 个标准差。

我国和目的国之间双边协议对企业有多重意义。首先，它起到一个导向作用，是我国走出去战略顶层设计的一种体现。我们走访国家开发银行有关部门访谈得知，双边协议的签订和国家开发银行组织有关企业去目的国考察大型项目的工作是紧密联系的。双边协议可以说有直接导向作用。其次，双边协议对企业投资是一种保障。企业在目的国面临的风险多种多样，但双边协议的签订至少在双方政府最高层面为企业疏通了关系，扫除障碍。如前文所述，这前两点都对企业有将风险决策“外部化”的作用。最后，我国与一些欠发达国家的双边协议往往带有经济利益和对外援助相结合的特征。如果企业所承担的是外援项目，那不仅风险决策外部化，企业盈利的压力也降低。综合起来，这些作用都会使企业对目的国风险的敏感度降低。我们回归发现双边协议对企业的影响和企业投资目的国风险呈正比也是意料之中的了。

同时我们发现，对目的国政策的考虑反而对企业所投资目的国家风险没有什么关联。这是和现有研究结论存在较大差异。依据国际政治经济现有理论，企业总希望能规避目的国风险，那么对目的国政策考虑较多的企业，应该会选择客观上风险较低的目的国。而我们的数据回归并没有发现这一规律。

另外，我们发现企业得到的政策支持和企业所投资的目的国风险也呈正比。相对于不受任何政策支持的企业，受支持的企业所投资的目的国风险要多约 0.16 个标准差。这也证实了我们的猜测，政策支持一方面鼓励了我国企业走出去，但另一方面也将走出去过程中的风险在一定程度上外部化了，降低了企业决策中对目的国风险的敏感度。

至此，我们初步证实了政策导向和支持与企业投资风险倾向的关联关系。政策导向和支持虽然是我国走出去战略设计的一部分，但客观上对企业行为造成了一定程度的非市场化的扭曲，减弱了企业决策自主性和对投资风险的充分的内化考虑。

需要留意的是，回归结果中企业性质这个自变量即使在控制了投资行业、企业规模、受国家政策支持和影响之后仍然有着统计上显著的正效应。这就表明，除了国有企业受到的政策影响和支持，我们所没有控制的国有企业的其他特征同样导致了国有企业的高风险倾向。这一点并不奇怪，受国家政策支持和影响程度的差异显然不能完全解释国有和民营企业的差异。比如，国有企业可能由于公司本身内部治理的问题，本来对风险的灵敏度就稍低一些，而这和企业受到的走出去的外部政策影响和支持是不同的概念而且并没有直接关系。

另外需要强调的是，我们在这一章节所指的目的国风险，是国际第三方机构评价得出的“客观”风险。也就是说，模型检测的是现行政策下激励机制是否推动了企业到通常人们认为风险较高的国家投资。这样的“客观”风险和企业在实际投资过程中确实碰到的风险以及企业主观对风险的认知都是不同的概念。对于企业实际遭遇的风险和主观认知，我们在下一章进一步阐述分析。

第六章
国别风险：对中国企业意味着什么

上一章中我们通过回归的方法初步证实了激励机制和企业投资决策的联系。研究发现，国有企业以及受政策导向和支持较多的企业会到通常国际上认为国别风险较高的地方投资。但是，如报告理论部分所提到的视角一，国际上一般评价的“客观”风险未必就是我国企业真实面临的风险，或者说是企业用于对风险地区进行投资决策的唯一依据。有不少学者认为我国企业海外投资的风险倾向更高，那这种倾向是不是完全由政策激励机制能够解释呢？如第三章图 17 所示，我国企业的投资行为不仅由国内政策驱动，也受到国际环境的局限和影响。企业所真实面临的风险只能依靠企业自身的判断。

国内政策界和企业界虽然日益关注海外风险，但在企业对风险的主观评判仍少有定量资料可供参考。从我国企业的主观经历和判断出发的风险是否和国际评价相吻合呢？

我们通过问卷调查分地区、分国别对企业海外投资中面临的主要风险进行了测度。除了上述学术价值外，这一调查内容也可用于政策制定和市场设计。虽然国外金融和研究机构设计和推出了不少国别风险系数（参见表 1），但是否适用于我国企业仍需实践来检验。不管是我们要推动国内企业走出去还是目的国要更多的吸引中国的资本，都和企业对国别风险的判别息息相关。我们的研究在这方面提供了系统化的信息。

6.1 政治风险的测度研究

目前，测度政治风险的机构主要是国际组织、研究机构和经营对外投资保险的企业，如经济人智囊团（Economist Intelligence Unit，www.eiu.com）、透明国际等，主要采用定量和定性的方式，通过对影响因素的测度形成指数，预测并对各区域风险进行排名。对政治风险的评估往往会选择可量化的因素作为评估的指标，如政治骚乱发生的频率，或是预期的价值损失等。这样做虽然可以精确地给出特定国家的风险程度，但分析模型往往需要足够的数据，而收集政治数据很困难，而且往往是很费时的，特别是在发展中国家。政府部门对政治的关注点不同于企业的关注，因此，企业会聘用独立的评估公司，通过对不同来源数据的交叉分析来消除由于数据偏差而产生的影响。风险评估者自身评估能力的缺失，导致对风险影响因素判断的偏差。对于评估本身，采用了可观察的数据或是专家数据，或者可以根据结构和体系进行进一步划分（Rice，Mahmoud，1986）。

从企业风险评估流程的视角，可分为几个阶段，包括问题识别、识别时间跨度、识别数据模式（如静态数据或是动态数据，年度或是季度，趋势数据或是几类数据的组合，定量数据方法的使用也是有争议的）、确定方法的精确性、确定使用方法的成本、进行成本分析以及考虑技术选择过程中涉及的客观和环境因素。选择政治风险预测方法时，必须考虑政治稳定性，以及管理者所能处理的产业或者企业相关的特定政治风险（Rice，Mahmoud，1986）。就企业本身对政治风险的评估而言，被动的评估程序、信息的收集、组织间信息传递的失真以及缺乏有效评估的能力等都会影响企业对政治风险的正确判断（Mascarenhas，Atherton，1983）。因此，需要建立“早期预警系统”，对所需要面对的政治风险进行分工，例如企业总部负责宏观风险评估，海外分支机构负责微观风险评估（Simon，1982）等，这样的分工有助于对风险进行专业化处理。

由此产生的另一个问题是风险的相对可比性，如政治风险与经营过程中其他风险，如金融风险之间的关系。对此，Click 采用美国 1982—1998 年在 59 个国家的投资数据，研究美国对外直接投资中金融风险和政治风险之间的关系，发现金融风险可以解释在不同国家资产回报率的差异，剩余部分可以用没有被观察到的政治风险解释（Click，2005）。Xu 和 Shenkar（2002）将母国和东道国的制度距离分解为制度的规制、规范和认知维度，并将这些维度与企业层面的属性比较，研究其对东道国选择和国外市场进入策略的影响（也是解释跨国公司行为的理论之一）。也就是说从政治风险的视角可以解释部分跨国企业的对外直接投资行为。

6.2 对代表性国家风险及投资环境的评价

6.2.1 对代表性国家风险的评价

由于篇幅和样本的限制，此次调查根据投资目的国所在地域、发展程度和治理制度上的多样性和范围，选取了 8 个国家（包括美国、德国、越南、印度、赞比亚、津巴布韦、巴西和委内瑞拉），由参与调查的企业任选两个国家进行评价。所有参与调查的企业都回答了这个问题，不局限于已经在海外投资的企业，所以这里衡量的不是企业根据已有国别风险评定结论来判断的“客观”风险，而是企业基于其所拥有的信息对一些代表性国家风险环境的基本判断。

这样的设计主要考虑了三方面因素：第一，通过锚定企业风险评价的参照系，使得无论企业最终选择哪两个国家评价，每个企业评价参照系是相同的。第二，减少了信息缺失对企业评判的影响，企业可以选择两个了解最多的国家进行评判。我们在设计之初曾担心所有企业都会选择美国和德国进行评价。所幸的是，虽然选择这两个国家的企业的确最多，其他所有备选国家都有超过 50 名企业对其进行评价。第三，我们以最少的篇幅让每个填卷人用相对较少的时间，对问卷给出的国家进行了评价。

调查结果由以下雷达图体现，所有参与调查企业中判断综合风险德国最小，委内瑞拉最大（图 29）。对津巴布韦和委内瑞拉，企业都十分担心政治动乱和战争的风险。值得一提的是，尽管华为等企业在美国和欧洲受到阻碍在媒体报道较多，我们看到被调查企业并不只是对美国和德国担心政治阻挠，对其他国家在这方面的也有着相当程度的顾虑。

将宏观经济风险设定为基数后，从相对风险来看，德国劳动力风险更为突出，安全审查风险也不小，美国则安全审查风险最突出（图 30）。

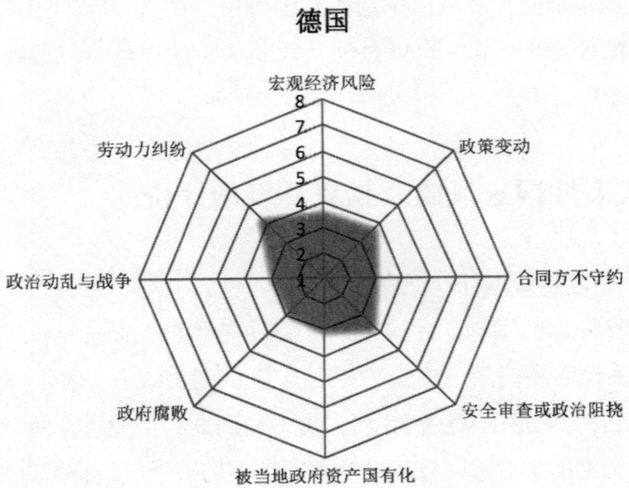

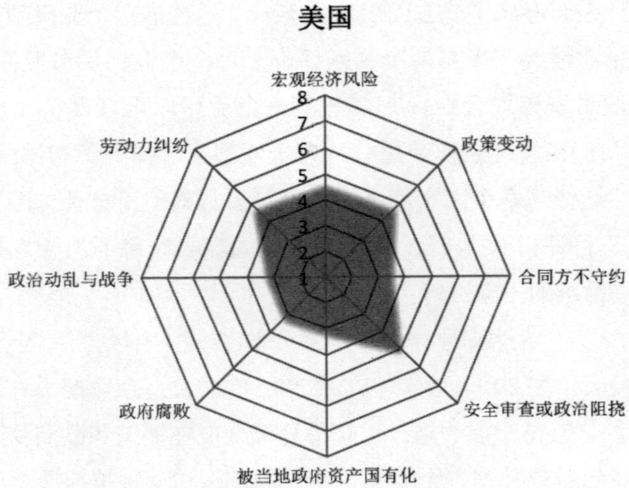

图 29　企业对目的国风险的认知（所有企业）

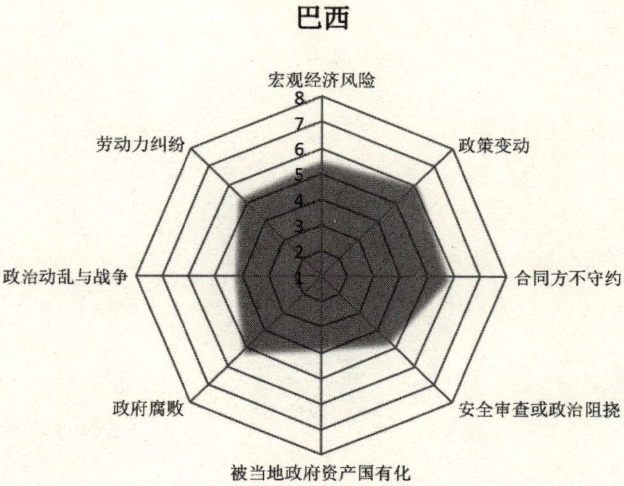
巴西
宏观经济风险
政策变动
合同方不守约
安全审查或政治阻挠
被当地政府资产国有化
政府腐败
政治动乱与战争
劳动力纠纷
8
7
6
5
4
3
2
1

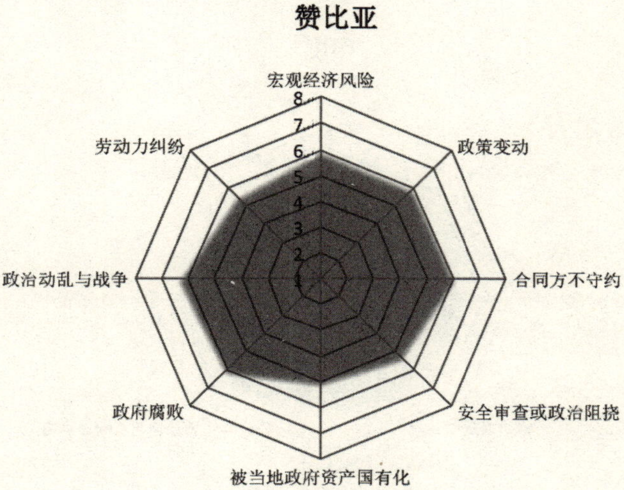
赞比亚
宏观经济风险
政策变动
合同方不守约
安全审查或政治阻挠
被当地政府资产国有化
政府腐败
政治动乱与战争
劳动力纠纷
8
7
6
5
4
3
2
1

越南

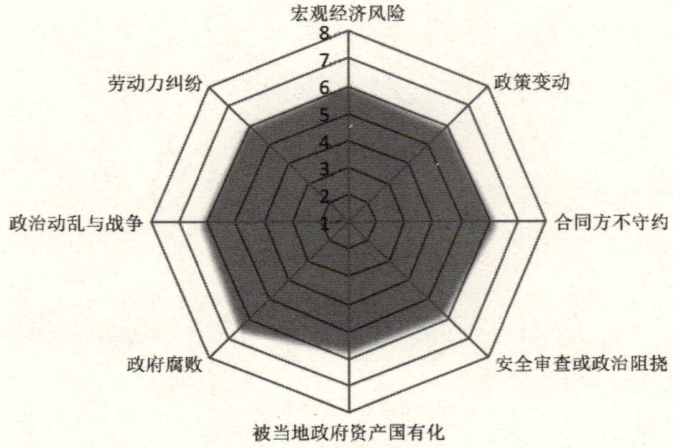
宏观经济风险
政策变动
合同方不守约
安全审查或政治阻挠
被当地政府资产国有化
政府腐败
政治动乱与战争
劳动力纠纷
8
7
6
5
4
3
2
1

印度

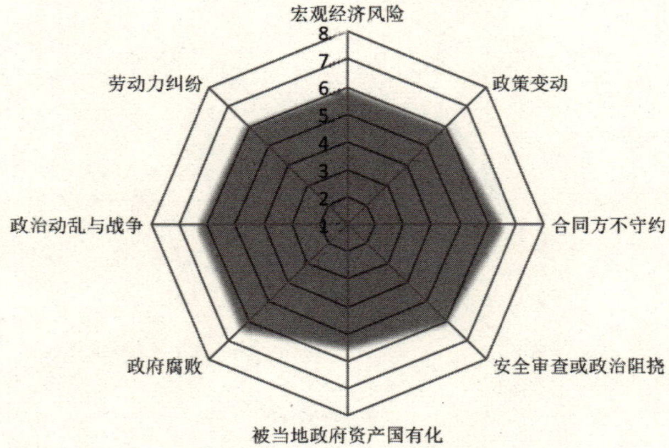
宏观经济风险
政策变动
合同方不守约
安全审查或政治阻挠
被当地政府资产国有化
政府腐败
政治动乱与战争
劳动力纠纷
8
7
6
5
4
3
2
1

津巴布韦

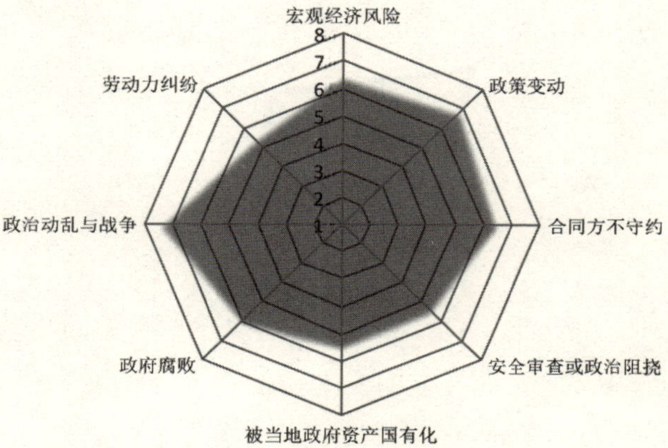
宏观经济风险
政策变动
合同方不守约
安全审查或政治阻挠
被当地政府资产国有化
政府腐败
政治动乱与战争
劳动力纠纷
8
7
6
5
4
3
2
1

委内瑞拉

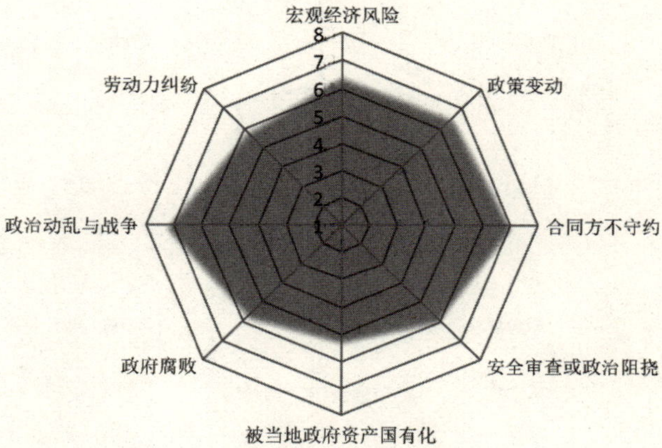
宏观经济风险
政策变动
合同方不守约
安全审查或政治阻挠
被当地政府资产国有化
政府腐败
政治动乱与战争
劳动力纠纷
8
7
6
5
4
3
2
1

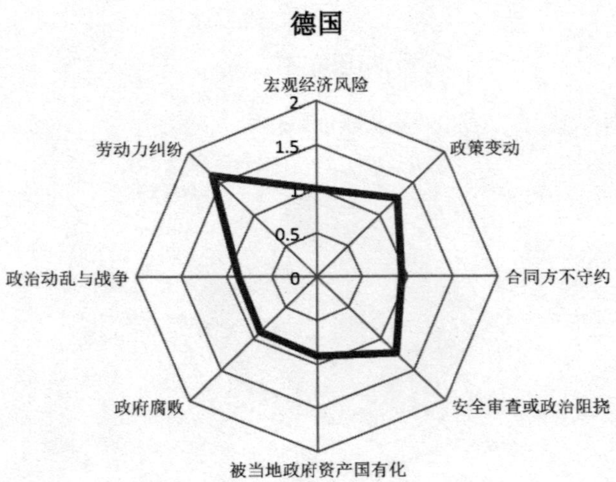

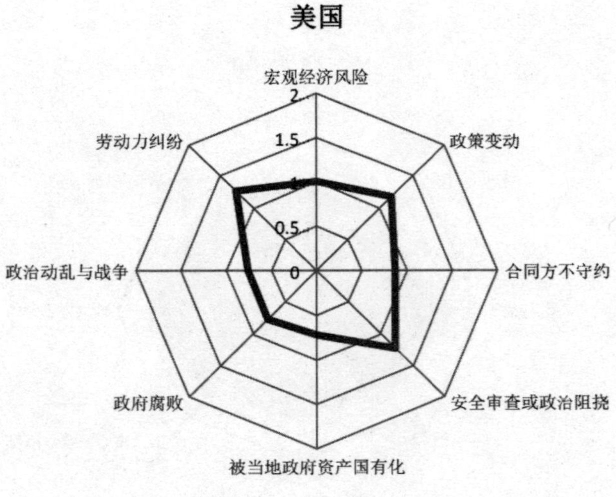

图 30　企业对目的国相对风险的认知（相对于宏观经济风险基数＝1）（样本为所有企业）

巴西

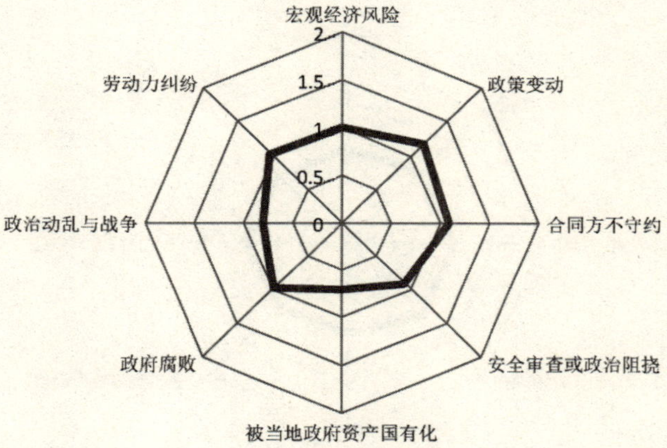
宏观经济风险
2
1.5
1
0.5
0
政策变动
合同方不守约
安全审查或政治阻挠
被当地政府资产国有化
政府腐败
政治动乱与战争
劳动力纠纷

赞比亚

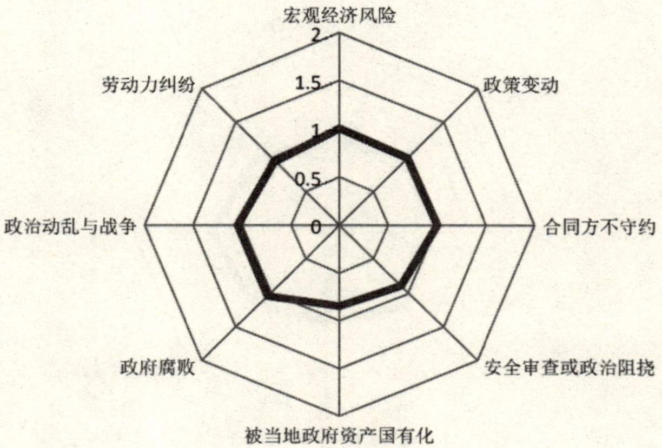
宏观经济风险
2
1.5
1
0.5
0
政策变动
合同方不守约
安全审查或政治阻挠
被当地政府资产国有化
政府腐败
政治动乱与战争
劳动力纠纷

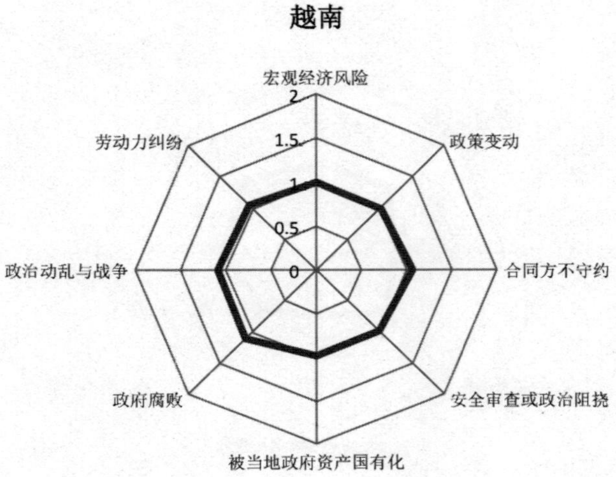
越南
宏观经济风险
2
1.5
1
0.5
0
政策变动
合同方不守约
安全审查或政治阻挠
被当地政府资产国有化
政府腐败
政治动乱与战争
劳动力纠纷

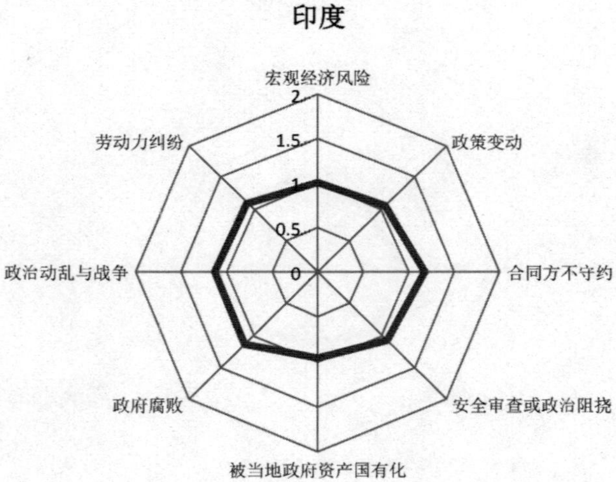
印度
宏观经济风险
2
1.5
1
0.5
0
政策变动
合同方不守约
安全审查或政治阻挠
被当地政府资产国有化
政府腐败
政治动乱与战争
劳动力纠纷

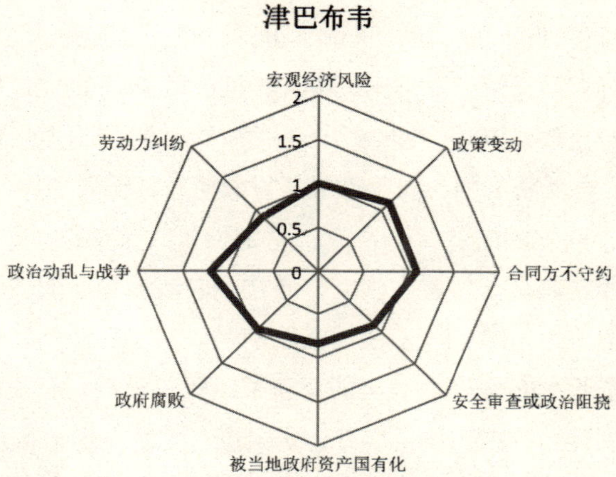
津巴布韦
宏观经济风险
政策变动
合同方不守约
安全审查或政治阻挠
被当地政府资产国有化
政府腐败
政治动乱与战争
劳动力纠纷
2
1.5
1
0.5
0

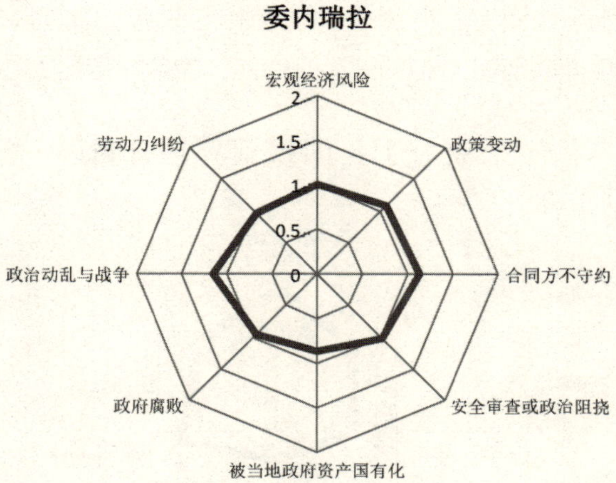
委内瑞拉
宏观经济风险
政策变动
合同方不守约
安全审查或政治阻挠
被当地政府资产国有化
政府腐败
政治动乱与战争
劳动力纠纷
2
1.5
1
0.5
0

6.2.2 对代表性国家投资环境的评价

2014 年，我们与中国国际贸易促进会合作，针对中国企业在代表性国家中投资环境的评价设计问卷。研究选取了美国、德国、加拿大、俄罗斯、韩国、巴西、印度、日本和越南等 9 个比较有代表性的国家。企业选择两个他们比较熟悉的国家，对该国政治稳定性、廉洁程度、产权保护程度、税收政策、法律法规的透明度、自然资源的可获得性等各方面营商环境做出评价。

研究发现，欧美国家的评分在政治稳定性、政策连续性、产权保护程度、廉洁程度方面要显著高于发展中国家，而在税收政策和自然资源可获得性上则并没有太明显的差距（图 31）。值得关注的是，日本在政治稳定性上的得分要显著低于其他子项上的得分。有可能反映了企业对日本政府频繁换届的担忧。

除了对营商环境的国别评价以外，研究也对地区差别进行了分析。在满分 5 分中，企业总体而言对于各地区的投资环境评价都较高，反映出企业对于对外投资的环境较为满意（图 32）。同时，我们可以看到，对于各个地区投资环境的评价呈现出显著的地区差异。美国、东亚、欧洲等发达国家和地区的评分要显著高于非洲与东南亚。其中东亚地区评分最高，尤其是在政策稳定性和廉洁程度上表现优异。评分最低的则是东南亚，在部分指标上甚至不及非洲。

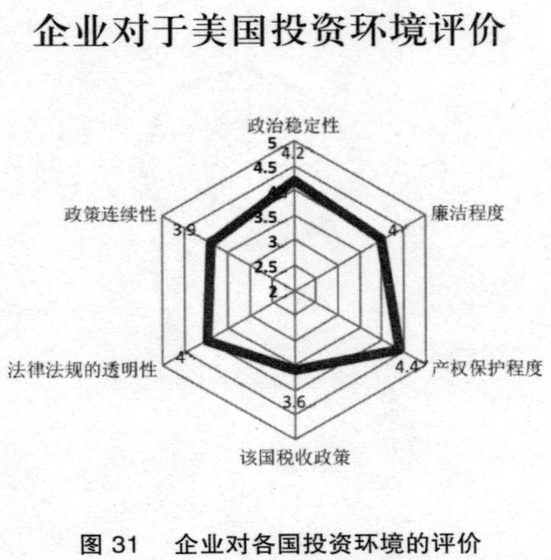

图 31　企业对各国投资环境的评价

企业对于德国投资环境评价

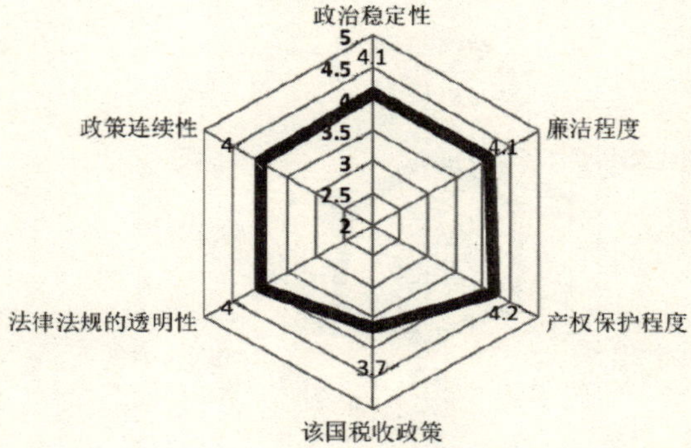

企业对于加拿大投资环境评价

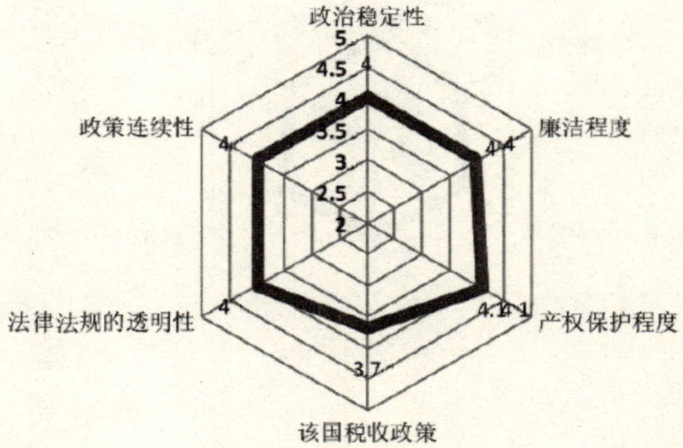

企业对于俄罗斯投资环境评价

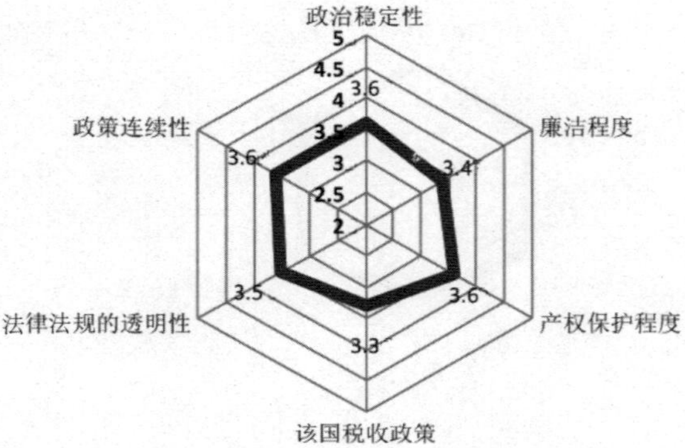

企业对于韩国投资环境评价

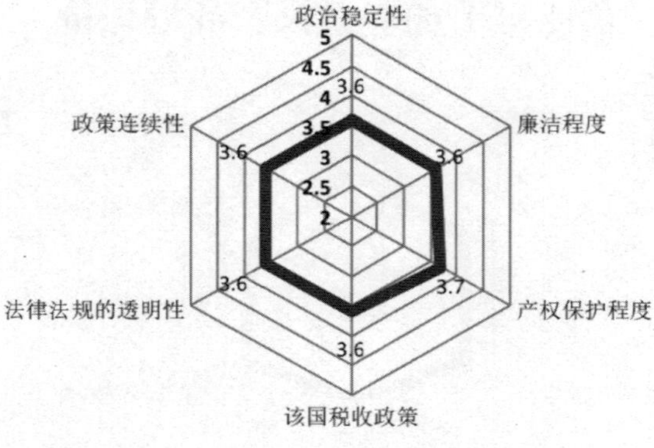

企业对于日本投资环境评价

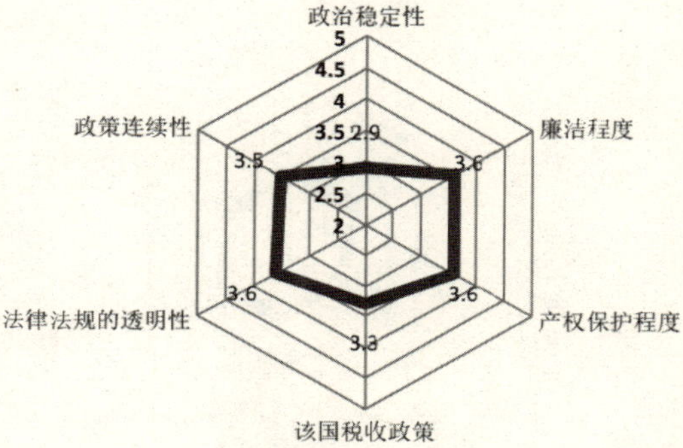

企业对于印度投资环境评价

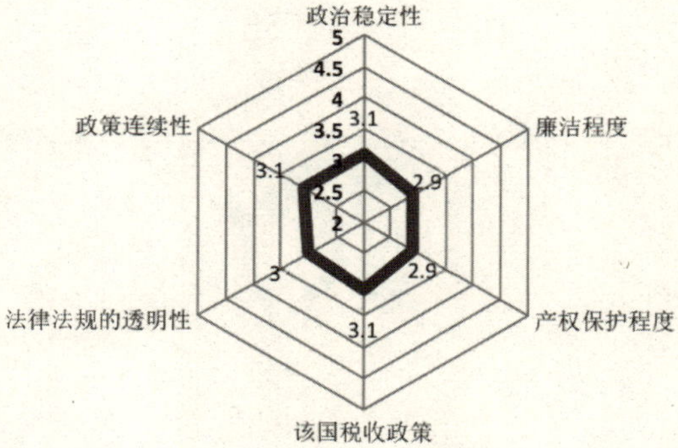

企业对于巴西投资环境评价

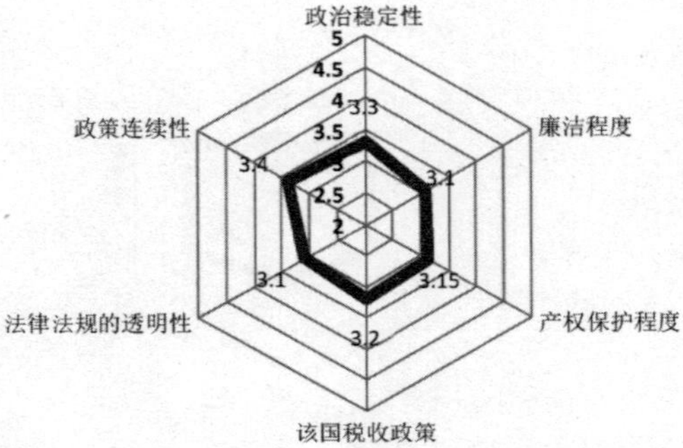

企业对于越南投资环境评价

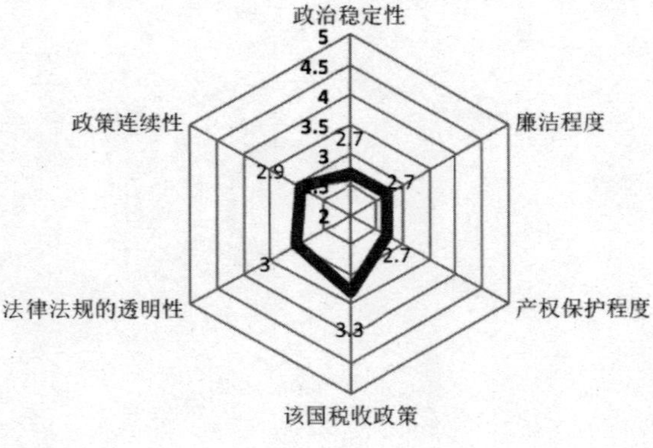

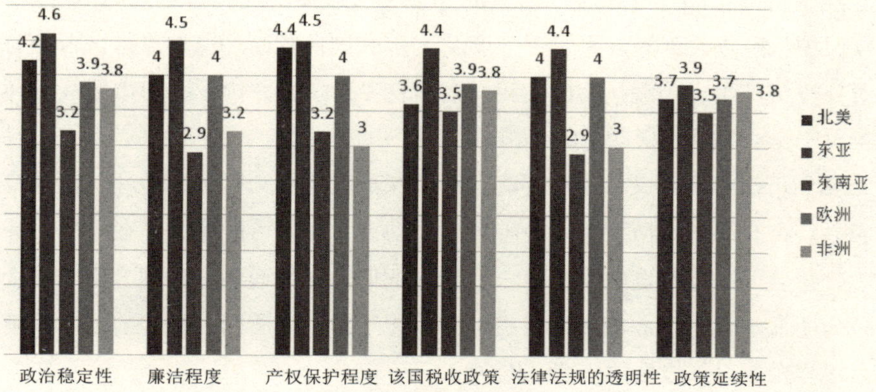

图 32　企业对各地区投资环境的评价

企业对营商环境的评价是相对的。营商环境的评价对企业企业投资决策的影响也是相对的。当企业决策是否在国内还是海外投资时，所考虑的是海外营商环境和国内经营环境的相对吸引力。为了更好理解国内经营环境对企业对外投资的影响，此次问卷调查也包括了企业对国内经营环境的评价。

企业对于国内的治安环境和对外开放程度评分较高，反映出我国的良好社会秩序和对外开放深化得到了企业的肯定（图 33）。我们可以和图 32 作比较，我们可以明显地看出，企业对于中国的评分在产权保护、法律透明、廉洁程度等要略高于非洲东南亚，而低于东亚、欧洲、美国等发达国家，这与我国的发展阶段相符。

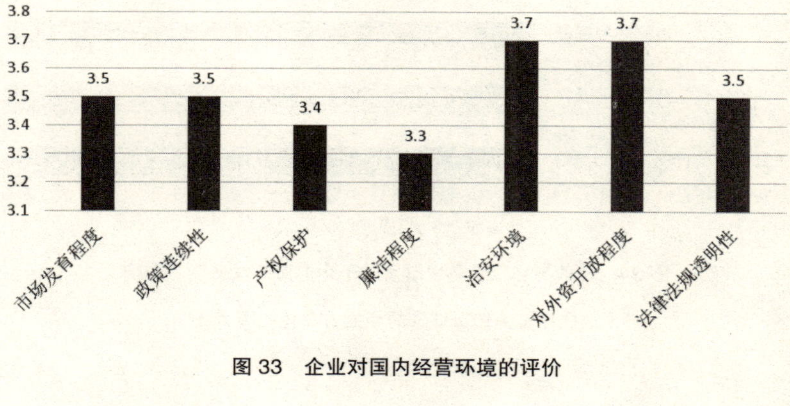

图 33　企业对国内经营环境的评价

我国目前正倡导并积极改善营商环境，在法律法规和市场规则的透明度、产权保护、税收改革等方面加快了步伐。那么国内营商环境的改善是否会对企业对外投资产生影响呢？为此，我们在问卷中请企业评价了国内市场经营环境改善对于企业海外投资动力的作用。

我们可以看到，廉洁程度提高，产权保护改善、治安环境提高，自然资源更容易获得会略微地减弱企业海外投资的动力，部分可能的原因在于国内经营环境改善会使得企业更乐于在国内投资。同时，国内政策、法规方面的进步则会较为明显地促进企业海外的投资，这可能是因为更透明、稳定的国内政策支持会增强企业对外投资的信心（图 34）。

调查总体上显示，国内经营环境改善对于企业海外投资影响并不明显，企业面对国内市场经营环境改善并没有较为统一的选择。这和我们前文所陈述的企业对外投资主要动力是一致的。也就是说，企业主要动力来自对市场的考虑，而不是希望利用海外的投资环境。国外投资环境的相对吸引力并不是驱动海外投资决策的主要因素。

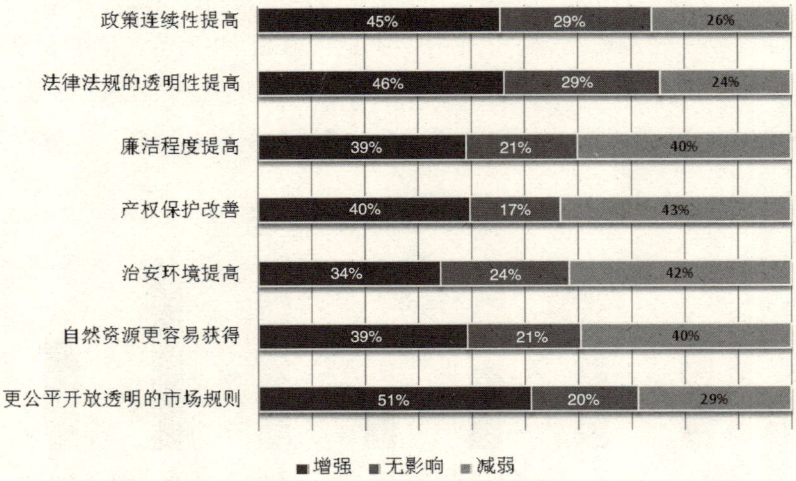

图 34　国内市场经营环境改善对于企业海外投资动力影响

（数据标签为选择该项的企业占总体的百分比）

企业在海外面临的营商环境也可能受到我国和目的国之间外交关系的影响。如果我国和目的国之间的双边关系不够稳定，那么即使目的国一般来说环境良好，我国企业在该国受到的待遇却有可能打折扣。为此，本次问卷除了请参与的企业对于国外营商环境分国别进行直接评价以外，也请企业评价了外交关系对企业海外经营的间接影响。

企业回顾了在过去5年中，中美、中日、中越、和中印外交关系的不确定性对企业的影响 。在满分5分中，1分代表对业务有很大伤害、2分代表有伤害、3分代表无影响、4分和5分分别代表有一定和较大帮助。我们看到，企业对四个国家的外交不确定性的评价均为2.5分左右，说明外交的不确定性对于企业的海外投资还是存在着一些影响（图35）。其中，中美外交不确定的影响相对更大。联系去年调查结果，大部分企业对于在美国受到安全审查等负面待遇都有一定的担心，可见企业对中美关系相对而言最为担忧。而中日关系、中越关系、和中印关系虽然近年偶有摩擦，对企业具体业务影响却相对更小。

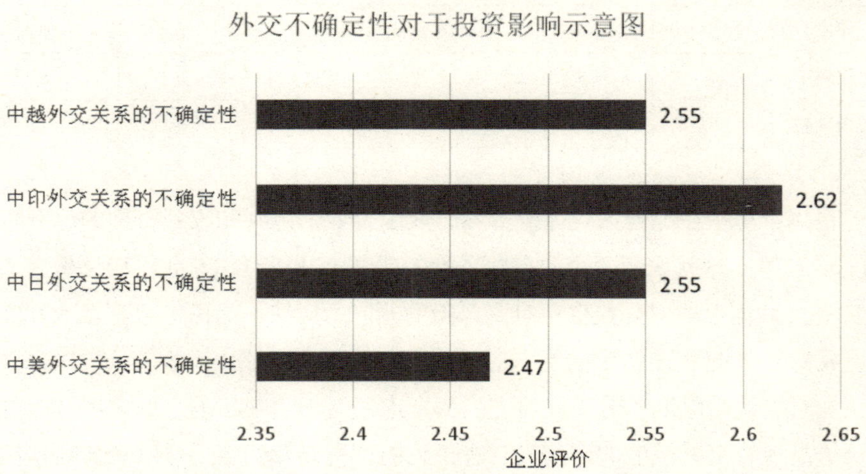

图35　外交不确定性对于投资的影响（数据标签为企业的评价）

我国企业对这些国家的风险评判和国际咨询机构的评判是否吻合呢？表11比较了我国企业和ICRG对风险评价的差异。可以看到，从综合风险排名来看，除对津巴布韦和委内瑞拉的风险评价存在差异外，对其他国家的综合风险评价一致。再从不同政治风险视角来看，除了对德国和美国，以及印度和津巴布韦对风险判断存在微小差异外，政治动乱战争的风险排名也较为一致；而对发展中国家腐败风险的判断则存在不一致性，一方面可能是由于对发展中国家内部状况信息披露的不充分，也可能是由于企业获取发展中国家状况信息渠道的缺失。

表 11　我国企业对风险评价和 ICRG 对风险评价比较

	综合风险排名		政治动乱战争排名		腐败排名	
	企业评价	ICRG 评价	企业评价	ICRG 评价	企业评价	ICRG 评价
德国	1	1	1	2	1	1
美国	2	2	2	1	2	2
巴西	3	3	3	3	3	3
赞比亚	4	4	5	5	6	4
越南	5	5	4	4	8	5
印度	6	6	6	8	7	6
津巴布韦	7	8	7	7	5	8
委内瑞拉	8	7	8	6	4	7

可见，至少在综合风险评价方面，我国企业的评判和权威机构的评判吻合程度非常高。这就说明了企业在对风险的评判上并没有和专业机构评价有太多的偏差。我国企业对外投资若有高风险的倾向，应该不是由信息不足或判断失误造成的。不过需要指出的是，对于德国、美国这样综合风险较低的国家，我国企业对于政治阻挠、劳工风险方面的顾虑还是相当突出的，而这些方面的风险恰恰是现有权威机构的评判没有考虑到的，所以我们也无从拿企业对这类风险的评判去和权威机构的评判做比较。

那么，国有企业和民营企业对风险的评判有什么本质上区别吗？我们根据美国 Polity IV 项目的界定将企业对外投资所在国分为两类，即治理完善的民主国家，和治理薄弱和专政国家。在下图中，我们将美国、德国分为一组，即治理完善的民主国家，委内瑞拉和津巴布韦分为一组，为治理薄弱和专政国家，然后对比民营企业和国有企业对两组国家的风险评价。我们看到，就风险评判来说，国有企业更多的关注治理薄弱和专政国家的高风险（图 36）。所以我们在前文得出的国有企业更高风险的投资倾向并不能归结于企业对风险认识的不足或信息不充分，更可能是在企业风险决策外部化的情况下“知难而上”。另外，有意思的是，我们看到国有企业和民营企业都对政治阻挠感到担忧，民营企业甚至对安全审查政治阻挠的担心更多。有一种论断说国有企业到更高风险国家投资是因为害怕在发达国家遇到阻挠和不公正待遇，但我们调查发现民营企业在这方面的担心不比国有企业少，反而是更多。所以国有企业对审查和阻挠的担忧似乎也不足以解释它们更高的风险倾向。这让我们对上一章节的回归结果更有信心，即国有企业的高风险倾向有其政策驱动的根源。

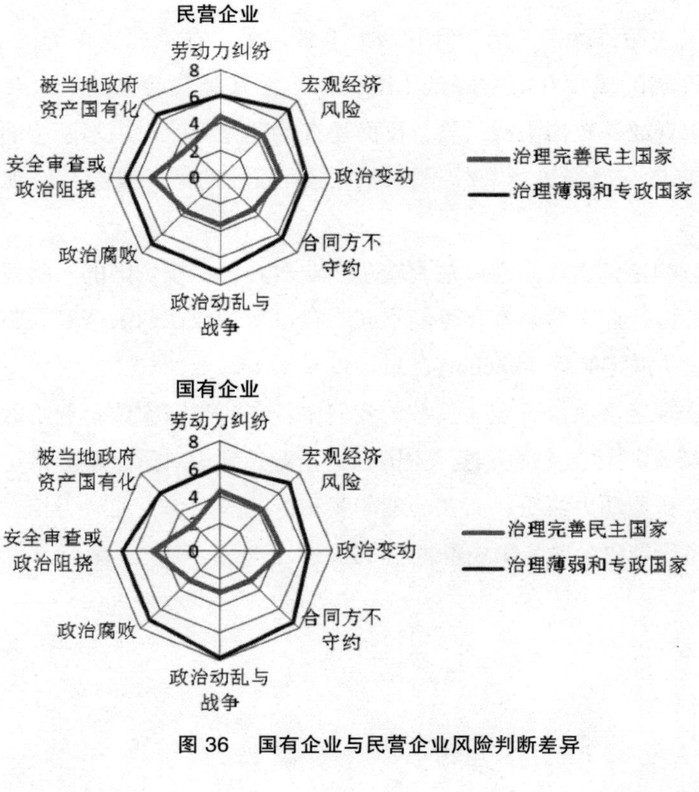

图 36　国有企业与民营企业风险判断差异

6.3 已向国外投资的中国企业对风险的体验

上一小节我们通过问卷调查让企业对一些有代表性的投资目的国家进行了风险评判。这一节我们则换一个不同的视角，探索已向国外投资的企业对风险的实际体验。

问卷样本中约有三百多家企业已经对外投资，我们让这些企业针对其投资最多的国家列举实际面临的风险。这三百多家企业的海外投资覆盖近一百多个国家和地区，有些国家在样本中只有一到两家企业对其进行了投资。仅由这一到两家企业的经历来推测这个国家对我国企业的实际风险会有很大误差。因此，我们根据投资所在国对两类国家进行分类，看企业在这两类国家平均实际面临风险的高低。

调查结果表明，除了政治动乱和政府腐败以外，在治理完善的民主国家，企业总体上面临的风险并没有降低（图 37）。尤其是劳动力纠纷、合同方不守约和安全审查或是政治阻挠风险，反而是在治理完善的民主国家中面临风险更大。总体来说，已经进行海外投资的企业所面临的最大风险是宏观经济的风险。

需要注意的是，由于问卷只是调查了企业对其所在投资国的风险评价，即被调查企业各自的评价参照系有可能不同，有可能企业在两组国家面临风险的相似程度反映了锚定偏差（anchoring bias）。

通过将宏观经济风险设定为基数，我们比较在两类国家中企业所面临的相对风险。结果表明，在治理完善民主国家，企业感到相对于宏观经济更大的风险是政策变动和劳动力纠纷；而在治理薄弱和专政国家，企业认为相对于宏观经济更大的风险是政治动乱和战争（图 38）。

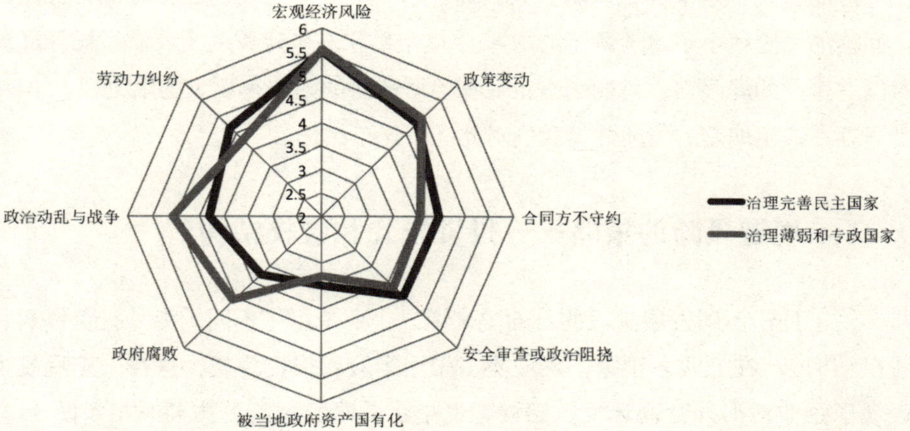

图 37　企业对目的国风险的认知（已经向海外投资的企业）

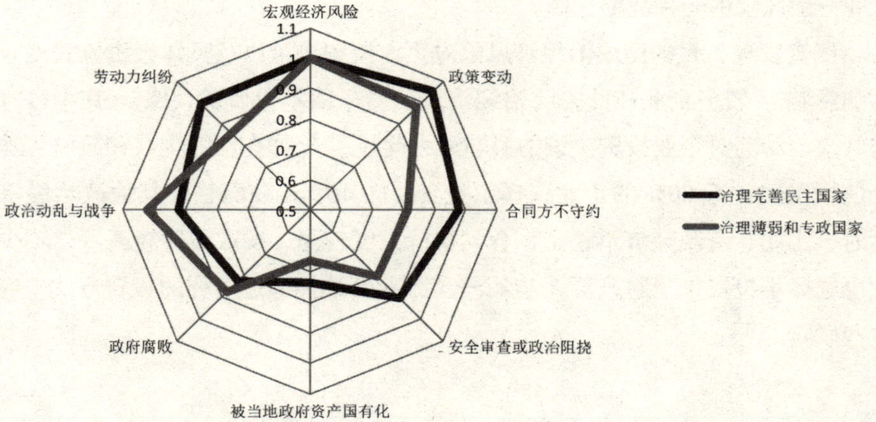

图 38　企业对目的国相对风险的认知（相对于宏观经济风险基数＝1）

我们也将国有企业和民营企业面临的风险进行了比较。与我们前一章的发现相符合，国有企业总体在目的国面临风险更大。有意思的是，国有企业感到在治理完善民主国家面临风险更大，而民营企业则感到它们在治理完善民主国家面临的风险稍小于治理薄弱的国家。这个结果在一定程度上反映了国际环境对国有企业的局限性，可能国有企业在治理薄弱的国家有更大的话语权。但是由于存在锚定偏差的可能性，我们对此还不能下结论。

6.4 规避风险的策略——投资模式和股权结构

对于处于不同发展阶段的目的国来说，企业采用了不同的海外投资模式和股权结构。[①]在低收入国家，企业更多采用了股权投资模式，这在一定程度上表现了企业对海外营商环境敏感性，也是企业降低风险的主要举措（图 39）。但从总体上来看，我国企业投资模式和股权结构仍比较单一。

抱团“走出去”在日本的 20 世纪七八十年代很普遍，但调查表明我国绝大部分企业不选择与国内企业合资海外业务，多数企业海外投资独立自主（图 39）。不过在低收入国家我国企业相对更多地和国内企业合资走出去，这也是企业分散风险的一种战略选择。

调查发现，目的国政治经济风险对企业投资决策以及具体投资方式有着重要的影响。较多企业在面临政治经济风险时采取不投资的决策。其中政府更迭、政治动荡对企业投资决策的影响最为明显。比如在面对内战和政府更迭频繁的风险时，近 80% 的企业选择不投资（图 40）。在面临着其他政治经济风险时，比如、宏观经济不稳定、合同执行力度较弱、腐败程度较高等，不少企业也选择不投资来规避风险。也有一些企业会选择通过多样的投资方式来应对这些风险。

① 此处对目的国发展阶段的划分（低收入、中等收入、高收入）参考了世界银行定义。

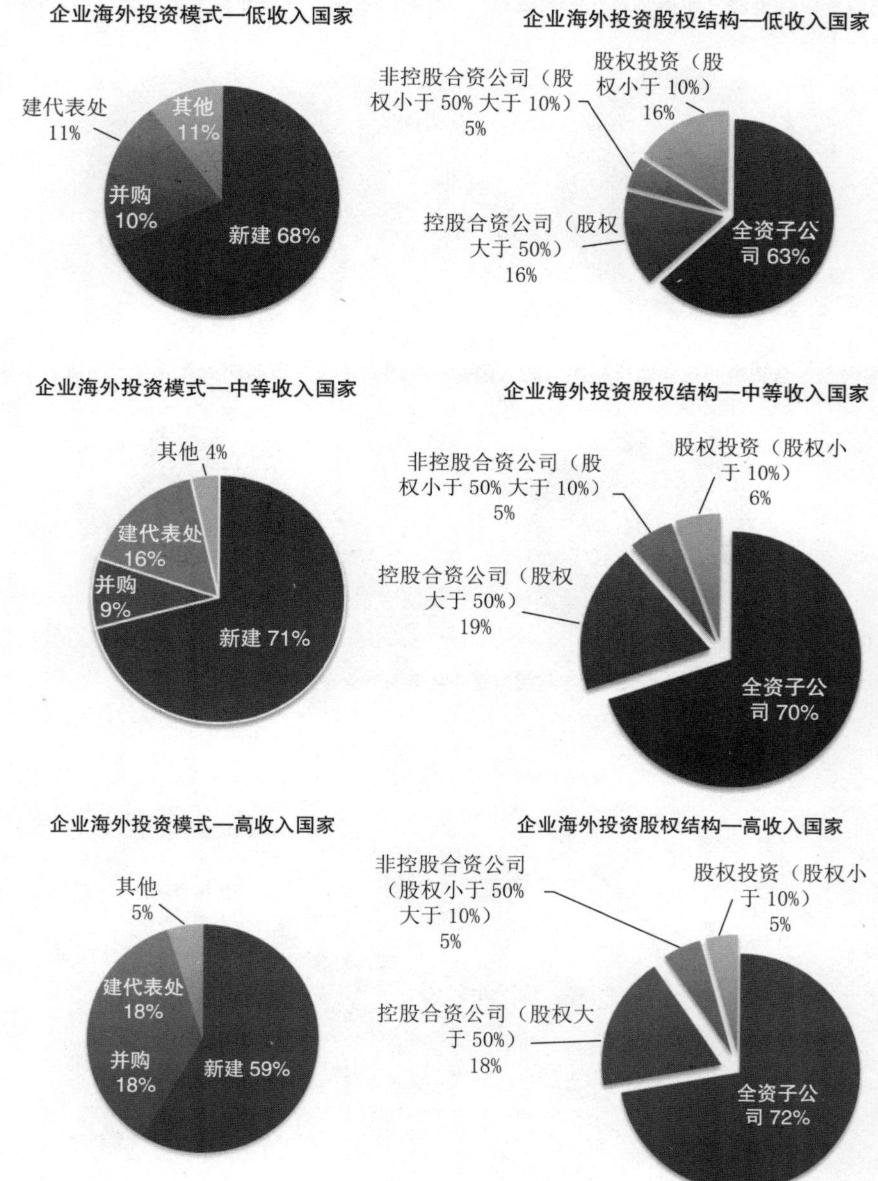

图 39　中国企业针对不同发展阶段的目的国家采用的投资模式与股权结构

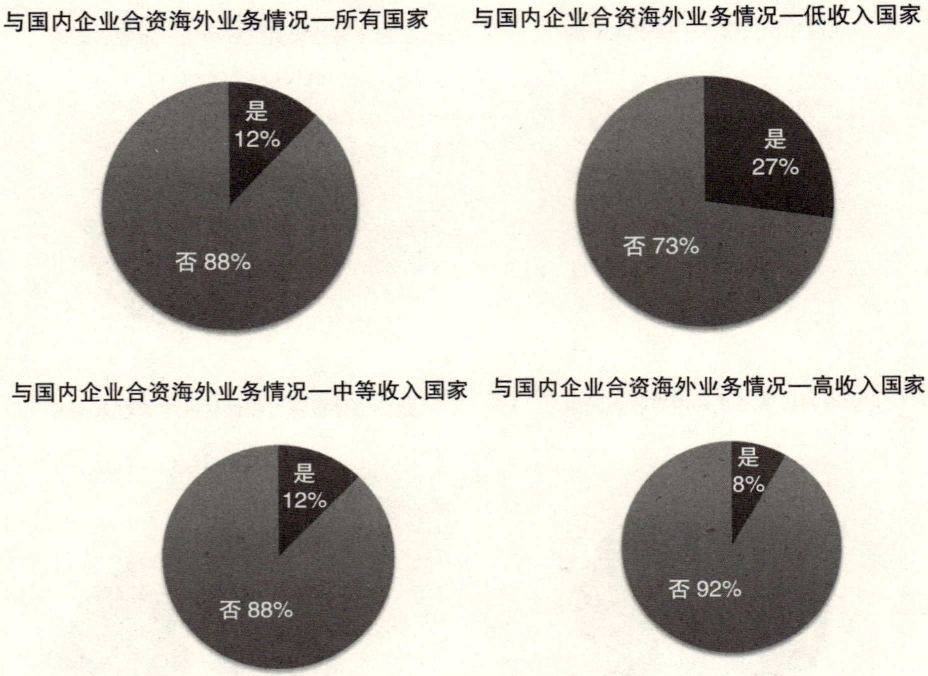

图 40　与国内企业合资海外业务的情况

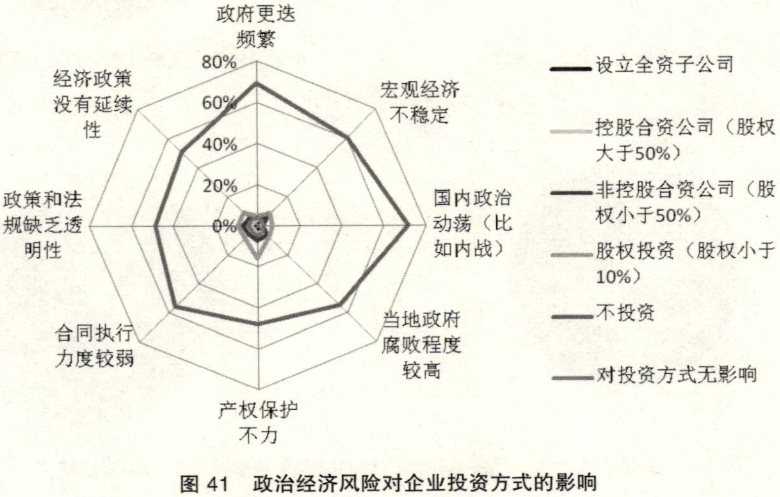

图 41　政治经济风险对企业投资方式的影响

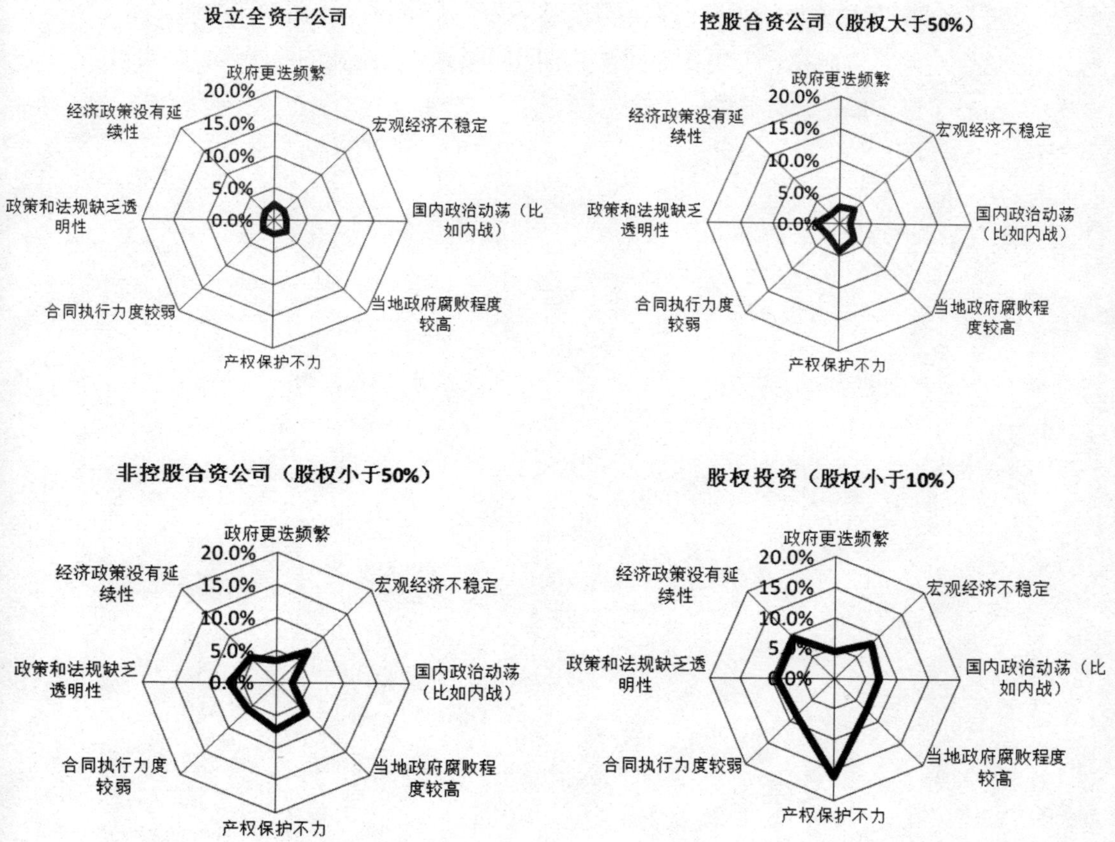

图 42　企业采用不同股权结构应对不同的风险

在少数选择了通过多种模式来应对的企业中，我们发现企业倾向于股权投资来应对当地对外资产权的保护不力，政府腐败等方面的风险，其次是非控股合资公司和控股合资公司（图 41、42）。

在本章中，我们探索了我国企业对国别风险的判断并发现企业的判断和国际权威机构的判断吻合程度很高，所以信息的缺失和判断的错误可能不是企业投资高风险倾向的主要原因。我们还探索了已经走出去的企业在目的国所面临的风险。国有企业自我评价所面临的风险比民营企业更高，这和前一章结论符合。国有企业也认为自己在治理完善国家面临的风险比在治理薄弱国家高。这个结果有可能在一定程度上反映了国际环境对国有企业的局限性，但也可能反映了锚定偏差，有待进一步研究。

第七章

风险管理：激励机制和资源局限的共同作用

企业认为在投资过程中面临的最大挑战在于缺乏先进管理方式、风险管理手段以及对境外投资环境的研判能力，但现有政策不能帮助企业提高这些能力。企业对政府的公共服务政策最为不满意，对信贷管理政策、资金使用制度的满意度也较低，但政策也不能满足企业的需求，国企仍认为审批监管复杂冗长，民企仍认为政策对自身不友好。在这种政策缺口下，企业的投资行为是怎样的、具体的投资决策如何做出、政策对企业境外投资决策是否有作用？为了回答这些问题，必须有更深层次的企业案例分析。

7.1 企业视角的风险管理[①]

7.1.1 企业的风险管理

为了进一步了解企业风险识别和管理过程，本文在进行能源资源与基础设施类海外投资的企业中选择了四个企业进行比较分析，原因在于能源资源和基础设施类的海外直接投资在中国海外直接投资中占有较大的比重，而且易于受到政策变动的影响。同时，该类投资风险高、规模大、周期长、技术性强，因此，选择该类企业分析更有利于我们理解政策对企业风险决策的影响。基于此，我们选择了某大型国有电力企业 H、XW 通信、北京 SJL 能源股份有限公司和江苏 ZY 集团。[②]企业基本情况如表 12 所示。除了特别引注的信息之外，

① 本节主要根据郭若璐硕士论文修改（2013）。

② 应企业要求，文中隐去企业名称。

本节所有企业资料均来源于对四个企业的访谈和问卷调查。

表 12　案例企业基本情况

	某大型国有电力企业 H	XW	SJL	ZY
所属行业	电力	信息技术	煤炭	太阳能
企业性质	大型国企	民企	中型国企	民企
成立时间	1988 年	1995 年	1999 年	1987 年
海外投资时间	2003 年	2004 年	2011 年	2009 年
主要的 OFDI	收购澳洲 OzGen 电力公司；收购美国国际电力公司 InterGen	McWiLL 布局柬埔寨、俄罗斯、乌克兰、芬兰、瑞典、爱尔兰	收购澳大利亚西澳、东澳煤矿	在德国、美国、意大利、保加利亚、捷克建设太阳能电站

1. H 公司

H 公司是以电力经营为主业、综合发展其他业务的国有重要骨干企业。其下属的香港公司成立于 1988 年 9 月 13 日，是 H 公司唯一的境外全资区域子公司。2001 年进行重组之后以投资开发电厂为主要业务，是 H 公司进行海外拓展的平台。

H 公司香港分公司的海外实体业务的开展始于 2003 年，至今已有十周年时间。 它是 H 公司进行海外拓展的平台，投资并运营海外电力资产是其核心业务，国内业务只占次要地位。 目前公司主要的境外投资项目有两个：2003 年 12 月，H 公司收购澳洲 OzGen 电力公司 50% 股权。OzGen 在澳洲有两座电厂，两座电厂分别有两台超过 40 万千瓦的燃煤发电机组。2011 年 7 月，H 公司成功收购美国国际电力公司 InterGen 的 50% 股权。 可以看出，H 公司在海外投资的过程中选择的国家一般都是投资级的国家。① 虽然在发展中国家基础设施建设的投机机会更多，H 公司在发展中国家也有一些投资项目，但香

① 根据评估机构对各个国家的国家主权信用评级，一般选择 BBB 以上的国家。

港公司运营的项目全部都在发达国家，在完全市场化的电力市场中运营。由于H公司海外扩张比较谨慎，其海外项目运营情况都良好，目前还没有失败的案例。

H公司海外投资的决策一般是集团层面做出，是由集团牵头、香港公司配合，作为集团战略来实施。但在具体的管理上，H公司香港分公司发挥了主要作用。目前香港公司对海外项目管理采用股权管理方式。虽然股权管理一般只把握控股公司的大方向，但H公司非常有意愿对项目进行更细致、更深入的直接管理，并且付诸了行动。H公司在澳洲项目上派有常驻人员，如技术副总裁等。虽然收购InterGen之后，H公司对OzGen的累计持股比例已超过70%，但根据国际会计准则，在董事会中投票权不能按照间接持股比例进行累计，仍是50%，因此需要跟其他股东协调。在股权管理的框架下，H公司在澳洲派驻多少人、派驻何种级别和岗位的人员是在协议中有明确规定、需要股东之间互相协调的。除此之外，H公司还向澳洲定期派遣人员进行短期交流。另外，为了向发达国家学管理，也为了更好地了解项目情况，H公司还建立了多个渠道的定期交流机制，在运营、风险、交易、开发、财务等各个层面建立月度、周度的沟通机制，通过邮件、会议等对项目进行全面掌握和定期跟踪。

H公司集团的管理人员认为，管理能力与资产额不一定成正比。H公司就资产而言并不是电力公司中最雄厚的，但集团高层规划中很早就把“走出去”作为高层战略，对“走出去”的战略方向定位十分明确。在50%股权管理框架上，H公司对澳洲项目的管理深度之大，已接近控股企业。这是因为H公司以长远考虑，希望集团“走出去”战略能够持续发展，因此就必须充分积累经验，了解海外市场和管理模式，明确自身优势和缺陷。

（1）母国政策及制度环境影响

H公司的海外投资项目由集团牵头完成，国家投资政策的影响多在集团层面。H公司海外扩张更多出于自身战略的考虑，但也在一定程度上得到了国家的支持。

在海外项目运营的过程中，目前H公司与中国政府驻外机构联系有限，未来期待能有更多合作。这主要是因为在H公司的海外项目中，派遣常驻人员的只有澳洲。而囿于股权管理方式的限制，协议上已明确说明了H公司需要派哪些人到澳洲，目前派驻人员不多，所以还未能达到建立广泛联系的基础。

从总体上看，H公司的海外投资基本都在完全市场化的国家，也采用完全市场化的方式进行运作。

（2）东道国制度环境

东道国制度环境对H公司选择境外投资地点有很大影响。H公司的海外拓展多选择发达国家，一方面是因为其政治上的稳定性降低了投资风险；另一方面，如InterGen所运营电厂的地区都是发达国家，处于完全市场化的竞争环境，H公司对InterGen的收购也是对其管理经验的吸收学习过程，能够为未来国内电力市场化探索经验。若未来电力市场放开，H公司就能占有先机。实际上，由于在发达国家进行投资的电力企业并不多，H公司的经验非常值得分享，所以在收购InterGen项目后，H公司也为国资委做过相关经验介绍，以供参考。

而且，H公司境外投资上的政策性障碍主要就体现在东道国的政策风险上。虽然H公司的投资多在发达国家，政治稳定，但也存在政治风险，比如澳大利亚碳税征收、英国可能进行电力市场改革等。因此，H公司对海外政策的变化非常关注。为了第一时间掌握相关情况，H公司聘请了全球知名的工程咨询和市场评估机构，对项目所在地市场前景进行预测。一家机构的报告不能作为全部的参考依据，H公司也聘请其他咨询公司作为市场顾问对英国、荷兰、澳洲等地的情况做每个月的月度报告，汇总不同咨询公司的报告加以判断。另外，H公司也参加驻外使馆或国家部委举办的一些会议来沟通产业政策情况，但更多依靠的是企业自身和咨询机构的判断。

（3）风险管理措施

香港公司在澳洲的经营目前为止没有遇到劳资纠纷和政治风险。InterGen历史悠久，是老牌电力企业，有着相当稳定的管理团队，工作人员和劳资情况都很好。而澳大利亚属于投资级国家，社会稳定，政治风险小。

如果海外投资的项目在当地遇到法律纠纷，一般是由当地项目团队解决。若对生产经营造成较大影响，香港公司也会出面协调。在日常的风险控制方面，香港公司有自身的风险管理团队，负责项目的事前评估和全过程风险管理。除此之外，公司还会派遣人员到澳洲短期交流，包括法律顾问、财务顾问等，以实地了解当地情况，分析财务和法律风险。

从 2011 年起，公司在风险管理方面做了相当多工作，建立起全面风险评估的月度机制。香港公司一共有 7 个部门，在该机制下，由风险管理部牵头，每个部门有联络人协调相关事宜。公司每个月发布两个风险评估报告，针对两个项目进行全方位评估：澳洲项目上的两个公司本身就有风险评估体系；香港团队在澳洲公司的风险库中筛选风险类别，列出分级的风险矩阵，按风险发生的可能性和发生风险后受到损害的程度分别划分为 5 级；筛选风险类别后，风险管理部门将报告分拆到业务部门进行再评估，由了解实际操作情况的业务部门审查评估是否准确、是否有遗漏的风险事项。最终形成的风险评估报告将在月度经营会时由公司董事提交给海外团队。

这一风险评估体系发挥了重要的作用，避免了一些风险事项的发生。在澳洲，电力价格以竞价方式形成，电价波动剧烈。为了规避电价波动风险，电力公司会做套期保值交易，若已预计到接下来电价将下跌，就可以在期货市场上预先将下期电价出售，到下期若电价下跌再买进期货平仓，平滑一定的风险。香港公司通过日常风险评估预期未来可能面临的市场风险，对其电力交易进行审核和指导，规避市场风险。

2. XW 通信[①]

XW 通信产业集团的主营业务是通信信息产业，包括从最前端的技术开发到通信基础设施和设备制造、产品销售和通信设施运营在内的整条产业链。其海外拓展主要有三大模式：一是电信运营，以拥有自主知识产权的第四代移动通信技术 McWiLL 为基础为东道国提供全业务电信服务，具体包括移动语音、移动互联网、宽带接入等。McWiLL 系统走出去已经获得了丰硕成果，截至 2011 年底，McWiLL 商用网络已在二十余个国家成功部署；二是设备销售，向

① 访谈时间：2013 年 3 月 19 日，访谈地点：北京市上地软件园 7 号楼 XW 大厦，访谈记录 20130301 号。

海外新兴电信运营商和行业专网通信客户提供解决方案；三是技术合作，主要是针对发展中国家输出 McWiLL 设备生产线。[①] 目前，XW 通信已经在国外 31 个国家开展电信业务。但纵观其市场分布，除了美国、俄罗斯、荷兰之外，其余都是发展中国家。

XW 通信从 2004 年开始在斯里兰卡、蒙古、印度等国做境外业务，但此时的海外拓展是不成功的。XW 通信在蒙古建网失败，未收回成本；在印度与当地公司没能合作成功；在斯里兰卡与当地公司的合作也由于资金和政治原因而失败。究其原因，一方面是企业拥有的技术和设备的不够先进，不能满足当地市场需求，另一方面是企业对海外市场的认识仍很不足，缺乏有效的市场拓展能力和手段。

第二轮“走出去”始于 2007 年。此时，XW 通信开发出新产品 McWiLL 宽带无线接入系统。该系统采用了许多第四代移动通信的基础性技术，拥有领先的系统性能，商业运用成熟度高。基于该技术，XW 通信瞄准发展中国家，瞄准新兴电信运营市场，开始针对这些地区做设备销售。由于产品比较适合这些地区，从 2007 年到 2009 年，企业每年在海外都有几千万到上亿美元的销售收入。但此时的海外扩张采用的是比较保守的模式，主要做产品销售，并且采用款到发货或开信用证的销售方式以控制风险。因此，市场规模受到了限制，发展比较缓慢。

第三轮“走出去”始于 2010 年，改制后的 XW 通信调整了海外市场的发展策略，采用技术与资本相结合的模式，通过投资迅速带动海外市场。海外业务不限于设备销售，而是利用海外投资结合技术合作等方式，带动设备销售。市场范围也不再限于发展中国家，而逐步扩展到发达国家。2011 年，XW 在柬埔寨成功部署 McWiLL 移动通信网络的建设和运营，目前正在向俄罗斯、乌克兰、芬兰、瑞典、爱尔兰等国复制这一模式，大大开拓了市场。

由于无线电频谱属于国有资产，所以电信运营必须首先通过当地政府审批，拿到运营牌照和频率资源。XW 在柬埔寨的投资是对外直接投资的第一次

① 《XW 通信全球业务发展》，http://www.xinwei.com.cn/qqsc.aspx?action=qqywfz&n=87。

尝试。2011 年 8 月 2 日，XW 集团柬埔寨分公司在柬埔寨拿到世界上第一张 4G 全业务经营许可牌照及运营频率。拿到牌照和频率资源就等于进入了柬埔寨的市场，利用这些资源和公司的抵押担保，XW（柬埔寨）电信公司获得了（中国）国家开发银行 4.65 亿美元贷款。再加上当地合作公司 20% 的自有资金，在柬埔寨成立了新的运营商，全面投入辐射柬埔寨全境的 McWiLL 移动通信网络建设及运营。经过近两年的投资运营，目前已经开始放号，从下半年开始，用户将会大量增加，预计明后年能够实现盈亏平衡。

在柬埔寨的成功运营为 XW 通信进行海外投资创造了一个比较成功的、可复制的模式：以投资和技术合作为纽带与当地政府建立良好关系，拿到当地政府颁发的电信业务经营许可牌照和运营频率；利用牌照和频率资源为基础，请第三方咨询机构对项目进行可行性评估，形成可行性评估报告后向金融机构（如国家开发银行）申请项目贷款；金融机构对可行性报告进行评估并到当地调查，评估项目风险，评估通过后对项目提供贷款支持；和当地有较强政府背景的公司合作，共同出资成立新的运营商或收购当地的小运营商，用以设计、建设和运营移动通信网络，该合资公司视情况由中方控股或当地公司控股。

目前，这个模式已经成功复制到乌克兰、俄罗斯等国家。在乌克兰的项目始于 2012 年，投资额总额达 14 亿美元，是目前最大的项目。

（1）母国政策及制度环境影响

在审批规制方面，根据国家规定，中方投资额在 1 千万美元到 1 亿美元之间的非资源类投资项目可以由省级商务主管部门和省级发改委审批，投资额 1 亿美元以上则需经商务部和国家发改委审批。由于地方政府与企业联系更紧密，对其主管的企业了解更深入，审批速度也相对较快。若需经过商务部和发改委的审批程序，则耗时冗长。但对于企业而言，时间就是商机，冗长的审批程序对于投资项目影响很大。因此，XW 通信在进行具体的海外投资操作时，都通过重庆 XW 通信技术有限责任公司来进行。这样只需经重庆市地方政府审批，大大节省了时间成本。

另外，资本流动仍不够顺畅。除了国开行贷款由于本身资金就在境外，有特殊通道能够汇出之外，企业海外投资的资金汇出仍有困难，这也是企业遇到的一大难题。

在鼓励措施方面，国家对战略性新兴产业的扶持对XW通信的海外投资起到了积极影响。

在政策引导上，政府鼓励战略性新兴产业的发展，大力支持具有自主知识产权的高技术产业“走出去”。《十二五规划纲要》大力支持战略性新兴产业的培育。新一代移动通信技术是战略性新兴产业的重要组成部分，有广泛的应用前景，也备受重视。因此XW通信在海外投资的过程中，技术原因和企业自身经验固然是最重要的考虑因素，但也会受国家引导的影响。在国家政策的支持下，XW很多项目投向了制度较不完善稳定的发展中国家。

在资金支持上，国开行贷款是XW进行海外投资的主要融资渠道，承担了投资项目80%的资金额，另20%由与XW合作的当地第三方公司出资。国开行把XW通信作为高技术产业公司的代表，支持具有自主知识产权的高技术产品对外输出，是国家“走出去”战略的重要组成部分。因此国开行对XW的境外投资项目提供了很大力度的支持，还设立了专门的工作小组以支持XW“走出去”。

另外，政府会通过与其他国家的双边协定来巩固和支持企业的对外投资项目。如在俄罗斯的项目中，XW与尼瑞特公司达成合作协议，推进McWiLL通信网络在俄罗斯的推广。2010年，中俄政府总理定期会晤机制委员会备忘录中正式确认和认可了这个合作意向，得到了两国政府的高度重视。虽然这不构成投资的决定性因素，但也为XW通信在俄罗斯的项目能够顺利运行提供了很大支持。

在公共服务方面，政府也在一定程度上对XW通信“走出去”提供了信息上的支持。企业在投资国寻找合作商有多种方式：其一是可以依靠公司管理层的自有渠道；其二是可以依靠企业合作伙伴，如XW在尼加拉瓜的McWiLL项目就是由合作伙伴长城工业集团从中牵线；其三是政府也会通过一些正式或非正式的渠道提供信息，如中关村管委会、工信部、外交部、中共中央联络部等单位都曾向企业提供一些资讯，帮忙从中联络。另外，XW有时也聘请原外交部驻外工作人员到公司担任市场部经理等职务，他们由于长期驻外，对境外情况更加熟悉。

但这种支持主要还是体现在前期搜寻投资机会的时候，而在开始进行海外经营的过程中，更多靠的是企业自身。XW 会与政府驻外机构有沟通联络，但并不依赖这些机构的帮助，更大程度上是独立运作的。对于在海外经营时可能遇到的法律和经济问题，企业有专门的律师团队和财务咨询人员来研究应对方案。

（2）东道国制度环境

东道国的制度环境对 XW 的影响不是很大。从 XW 目前的投资模式来看，企业想占有的是未来市场，所以需要考虑政治风险，高危地区应尽量规避。但 McWiLL 无线通信网络的布局也带有国家战略性意义在内，所以从国家的角度来看，即使是高危地区也值得尝试。由于 XW 的立场是立足长远，认为占有市场之后未来盈利可能性大，希望能够尽量扩大市场和业务范围。

3. 北京 SJL 能源股份有限公司①

北京 SJL 能源股份有限公司是 1999 年 12 月设立的，其业务范围包括建设、经营电厂或电站、电力及能源配套设备制造加工及销售、电力技术开发及技术咨询以及电力配套工程设计，其中主营业务是发电和煤炭资源的开发、投资、建设及运营。作为国企，相比于国投、三大油等企业，SJL 的规模并不大，属于中型国企。企业的注册资本为人民币 9.6 亿元。截至 2011 年底，公司总资产达到 226.5 亿人民币，拥有员工 1500 人左右。2011 年，公司营业收入 81.3 亿人民币，利润 7 亿元左右。

2011 年 4 月，SJL 开始寻求战略性转移海外资产，进行煤炭投资项目，寻求海外煤矿资源。走出这一步主要出于企业未来发展的考量：公司领导逐渐认识到，进行海外资源并购是中国的出路，是未来的方向。首先，国内能源企业发展面临着两大问题：一是能源资源有逐渐枯竭的危险，二是国内的环保要求和成本压力越来越大。原本制约中国企业进行海外投资的一大因素是国外投

① 访谈时间：2013 年 1 月 12 日，访谈地点：北京市海淀区首体南路 16 号国兴家园，访谈记录 20130101 号。

资成本太高，但随着国内煤矿投资成本的加大，这个制约因素的影响也越来越小。其次，海外投资是企业资产多元化的要求，作为能源类投资公司，SJL需要煤炭资产的多元化。在煤炭市场低迷的情况下，以较少的资本去拓展海外煤炭资源是很好的选择。第三，海外投资符合"走出去"的战略目标。

2011年，SJL共在海外投入3600万澳元，主要投资地区是澳大利亚的西奥和东奥。公司主要采用部分并购的方式，向当地企业注入资金，并在当地设立代表处。西奥煤矿项目中，SJL出资比例占全部股权的46%，东奥煤矿项目则占33.67%，未来还有进一步入资的打算。

目前这两个项目都仍处于开始的勘探阶段，SJL只有煤矿的勘探权，因此只有资金投入，还没有盈利收入。最先注资并购的西奥煤矿预计在2014年底开始投产，预计年产煤矿100万吨。SJL派驻澳洲的海外员工也仅有7名，分别负责商务和财务方面的事宜。

在投资项目的管理方面，SJL采用投资控股的方式进行专业化的管理，其主要融资渠道是自有资金。SJL的投资框架是由普华永道所设计的，SJL是出资方，下设北京、香港、澳大利亚三个平台公司（原有新加坡平台公司后撤销），平台公司下设项目公司。在寻求境外投资项目的过程中，项目公司通过投行和市场上获得的项目信息进行筛查，将有价值的项目上报平台公司北京荣达国际投资有限公司，平台公司再上报到SJL集团层面。在上报项目的同时，公司也与外部的第三方机构合作，对项目进行风险评估。在法律和经济层面的评估上，公司会聘请专业的律所（主要合作方是中伦律师事务所）和四大会计师事务所（主要合作方是普华永道）；在技术评估方面则聘请投资国当地的煤炭资源专业技术咨询机构，得到评估报告之后还需由中国煤炭沈阳研究院进行再次评估。通过预先的调查和评估，对投资中可能产生的问题做协调，提出解决方案。

SJL集团公司中设有投资委员会，共有委员7人，全部是SJL集团高管。通过层层筛选上报到集团的项目由投资委员会进行讨论表决，最后做出是否进行投资的决策。在投资项目推进的过程中，每个阶段的阶段性成果也都需要向投资委员会报批。由于决策时经过的层级较少，SJL的投资决策是比较迅速的。

以西奥的煤炭项目为例，2011 年 4 月，SJL 开始打算进行战略性海外资产转移。公司马上着手委托北京中伦律师事务所和澳洲事务所做环境调研，同时聘请澳大利亚当地的帕拉斯（音）评估机构做技术评估，拿回报告之后再由中国煤炭沈阳研究院进行评估。到 2011 年 9 月做出投资决策，到 11 月将各项材料筹备就绪，上报发改委审批，仅仅用了 3 个月时间。2011 年 11 月，SJL 顺利通过发改委的审批，与澳方签订正式入资协议，汇管局如期把钱汇入澳洲。

但由于 SJL 属于中型国企，规模比较有限，因此在投资的过程中也会借助其他力量。在项目筛选的阶段，除了依靠自身的项目公司之外，也会与投行合作，如东澳的项目就是通过投行来进行的。在正式投资的阶段，由于自身资金规模的局限，SJL 在自己进行境外投资的同时也会把一些投资金额较大的好的项目推荐给国家投资公司与河南煤炭化工集团，承担起海外能源项目与国内资金的沟通桥梁工作。相比于这些资金实力雄厚的大国企而言，SJL 在决策、人力组织、资金到位、执行力等各方面都有其独特的优势，又能够避开国家针对大型国企资金使用的繁杂审批手续，可以互相合作实现走出去的目的。目前 SJL 已经两次邀请河南煤炭化工集团和国投考察西澳和东澳的煤炭项目和基础设施环境，希望未来有更多合作的可能。推荐给这些大公司的项目的投资方式要基于这些公司的要求，有时是这些大企业百分百入资，有时 SJL 也在其中占百分之二三十的比例。

（1）风险管理

在海外项目的风险管理方面，由于依赖当地合资企业来负责本地化运营，所以目前在经营的过程中遇到的风险很小。对于企业经营影响比较大的税收政策等经济法律问题，企业有专门的律师团队和财务咨询人员，以帮助企业合理避税和解决其他法律问题。

另外，从企业的经营成本和效率考虑，本地化是必然趋势，公司外派的主要是管理团队，工人更多地要依靠当地招聘。

（2）母国政策及制度环境影响

审批规制方面，政府审批环节仍较多，时间上的可控性小，对企业有很大影响。由于国有控股的大企业在海外投资的过程中受到较严格的规制，需要国家发改委审批，而国有参股的股份制企业只需要地方发改委审批，因此 SJL 在海外的投资是通过下属的一个股份制企业来进行，即北京国利能源投资有限公司。该公司是国有参股的股份制企业，拥有 10 个股东，分别是国投资产管理公司、北京首创资产管理有限公司、上海通维投资有限公司、北京电力实业开发总公司、北京国华置业有限公司、张家港骏马涤纶制品有限公司、张家港市金城投资发展有限公司、北方联合电力有限责任公司、张家港众合融通电力科技发展有限公司，每家公司有 10% 的股份。一方面，公司的国有比例不大，股份制的性质比较好操作，机制更灵活；另一方面，股东力量的平衡造成了总经理权力最大的局面，在决策与人力组织等方面也比很多大国企有优势。比如在 SJL 对西澳煤矿资源的投资项目以国利的名义进行，只需要北京市发改委审批。由于公司做了大量的前期工作，审批仅 7 天便获得通过，这是很少见的。

在政策鼓励方面，政府对海外投资的鼓励仅仅是指导性的意见，并没有相应的政策支持体系可以保证实施，对企业而言没有实质性的帮助。比如在资金方面，SJL 作为中型国企，规模不大，很少能得到来自政府的支持，主要融资渠道仍是自有资金，大项目则与大企业联合开发。负责人表示，只有项目足够好，比如国开行的项目才更有可能获得贷款。在法律、技术支持方面，公司也没有得到过来自政府相关部门的帮助。企业“走出去”的动力更多出于商业方面的考虑。

在公共服务的提供方面，政府对企业境外投资帮助很小。公司偶尔会通过澳大利亚在中国的投资总署和矿业大会等行业协会了解境外的投资机会和当地法律，但通过政府各部门及其驻外机构得到的信息资源很少。

近年来，政府开始重视信息方面的公共服务。2011 年底，国资委曾出台《境外投资风险评级》，对中国企业海外投资提供指导性意见。SJL 的高管认为，国资委的评级给企业提供了政策性指导，很有必要，但应该有更多的配套性措施，比如对在风险评级情况较好国家的投资给予更大的利率支持力度，引导企业投资的方向。

但对于政府是否可以提供其他公共信息服务，企业方面却持疑虑的态度。

负责人表示，政府对官方渠道的信息掌握更多一些，但是其能掌控的信息不一定能符合企业的需求，能与企业需求对接的较少。若是香港政府还可能对国际规则和投资环境比较熟悉，能够给企业提供帮助，而大陆方面的政府机构对欧美市场介入不深，要他们提供支持也不一定可靠，更多地还要靠企业自身。

（3）东道国制度环境

东道国政治和法律环境的稳定性对于煤矿资源中长期投资至关重要。SJL在进行投资决策的时候就把东道国制度环境作为最重要的因素来考虑。首先考虑政治稳定性：非洲、东南亚等国家虽然也有煤炭资源储备，但这些国家的抑或政局不够稳定，抑或选举制度严重影响国家政策的连续性，抑或排华倾向严重，抑或法制不健全而要面临合约风险，无法作为长期投资的地点。其次考虑地缘政治要因素。美国与俄罗斯虽然当地法制环境很好，但和中国的政治利益不同，存在一定风险。反观澳大利亚，跟中国的经济依存度比较强，其铁矿石有50%出口中国，因此不会和中国走得太远，而且和加拿大相比距离美国更远，受到美国的影响和制约也更小。

另外，企业在通过国内审批之后，在海外还需要当地政府对海外进入的资金进行审批。比如SJL在澳大利亚的投资需要通过律所向澳大利亚外商投资审核委员会（Foreign Investment Review Board，简称FIRB）提出审核申请。国有成分较浓重的企业在投资国进行审批时难度会更大，这也使得SJL在投资时通过下属股份制企业来进行操作。

（4）面临风险及管理方式

对企业而言，能否盈利从而经受住市场的考验是最重要的因素。SJL在海外投资之初对于项目能否正常收益存有较多疑虑。而对于中国企业而言，能源海外投资又是新鲜事物，几乎没有成功案例可以效仿，SJL只能自己摸索道路。从2001年到2008年，在澳洲投资的煤炭项目中，达到投产级别的只有一家，其他则是每年仅能维持勘探费用。而煤炭开发这种长期项目，需要每年维持一定的投入探矿、给当地政府上交报告才能维持矿权，资金投入大、战线长，因此首要考虑的就是长期风险。

对于煤矿资源投资这种中长期项目而言，当地政治和法律环境的稳定性至关重要。SJL 主要通过谨慎选择海外投资地点来避免这项风险。SJL 作为一个中型国有企业，不愿意冒太大的政治风险，所以在决策之初就把海外投资国的政治稳定性作为最重要的一个考量因素，从一开始就决定从成熟的发达国家里找资源，定下美国、加拿大、新西兰、澳大利亚、俄罗斯五个备选地点，保证该国的政策连续性比较强。其次考虑地缘政治因素，排除美国与俄罗斯。最后从经济方面考虑，加拿大和中国是反时差的，会导致管理效率大大降低，不易于降低管理成本。因此澳大利亚就成了最终决定投资的地点。新西兰也在 SJL 的考虑范围之内，如果在澳洲投资顺利，未来可能进一步扩大投资范围。

由于地点选择的审慎，澳大利亚政策连续性强、政局稳定、法制环境良好，合约签订之后能够得到很好地履行，SJL 在澳洲投资签约至今没有遇到什么风险。面临的最大困难首先是对当地投资环境和法律法规的陌生，以及对当地公司制度、法律和管理方式的认知不多。SJL 主要通过与律所合作来规避这些风险。在决定进行海外投资的同时，就马上请中外的律所介入决策过程中。其次，澳大利亚的法律体系比中国更成熟，要求更为严格，对于环境生态保护、劳工权益保障也更为重视。所以 SJL 需要在这方面投入更大的精力。

在投资的过程中，SJL 在企业进行合理的溢价估值之后，均以增资的方式进行并购，而不是购买股权，不给别人变现的机会，防止踏空风险。

4. ZY 股份

ZY 集团创立于 1987 年，是一家运营良好的民营企业，旗下有三十多家子公司和分公司。公司主营的业务分布在三个行业：太阳能、信息技术和软件业、金融保险业，力争成为“以新能源为龙头、信息科技和股权投资为两翼的国际性高科技投资控股集团”。目前，ZY 集团又进军太阳能行业，在欧美国家营建太阳能电站，其境外投资项目主要是海外太阳能电站。

ZY 股份在欧美营建太阳能电站主要的驱动力来自于三个方面：首先是国内外政策支持，尤其是我国“走出去”政策及相关优惠条件；其次是利用海外制度，特别是海外良好的法制环境；第三是寻求海外市场，以解决国内产能过剩和市场饱和的问题。

ZY 股份于 2009 年开始在德国进行投资，开启了走出去的序幕。公司从海外投资的一开始就在多国同时投资，对外投资的主要行业为新能源。目前，ZY 股份在境外成立了 6 家全资子公司，在意大利、美国、保加利亚、德国、捷克 5 个国家建有光伏电站，是国内最大的海外光伏电站建设运营商。截至 2011 年底，公司海外投资总额达到 3 亿美元，海外投资额占投资总额的将近 50%。海外业务收入占业务总收入超过 20%，海外资产占资产总额逾 20%。2012 年，光伏产业遭遇产能过剩和欧美反倾销、反补贴调查等一系列危机。由于 ZY 股份不像企业光伏企业一样专注于中上游，而是更重视下游的光伏电站建设，因此海外光伏电站仍保持收益稳定。

但是公司高层对未来全球经济宏观形势的预计不太乐观，认为未来可能面临国际经济贸易保护主义抬头、经济不稳定、主要货币币值波动等风险。预计未来（2014 年）海外收入占总业务收入、海外资产占资产总额保持不变，海外投资占投资总额有所降低，约 20%—30% 左右。

在投资地点的选择上，ZY 目前最重要的投资地点在北美，拉丁美洲及加勒比海地区、欧盟和中东欧地区次之。在未来的投资战略考量中，北美和拉丁美洲及加勒比海地区将会是海外战略的重点，欧盟和中东欧地区的重要性也有所提高。ZY 选择的投资地多在发达国家，目前累计投资最多的国家是意大利，占海外总投资的 40%；累计投资第二大国是美国，占海外总投资的 25%；第三为保加利亚，占海外总投资的 20%。未来优先选择的海外直接投资目标地仍属于发达国家，最可能优先选择的分别是美国、德国和日本。

投资方式上，ZY 的海外拓展均采用全资新建的投资方式，在投资国新建电站。未来也将继续采用新建海外全资分支机构和出口本公司产品的方式，但希望开始进行海外并购。

经营方式上主要采用两种方式：一是建设电站且并网发电成功之后将电站出售给第三方，二是电站建成后自主运营，通过收电费和其他补贴来获得盈利。ZY 目前在欧洲开发的电站主要采用销售的方式，而在美国开发的电站多为自主运营。[①]销售电站能够增加当前的收益，而自主运营则能在未来给公司带来长期的稳定收益。未来将综合采用这两种方式。

资金来源方面主要源于企业自身利润的累积。因为 ZY 股份为上市公司，所以也有一部分资本市场融资。

（1）母国政策及制度环境影响

在海外投资过程中，企业在一些投资项目上得到了国家给予的资金支持。从 ZY 股份 2012 年 12 月 28 日对外发布的公告可以看出，2012 年，ZY 股份获得江苏省和南通市政府一定数量的政府补贴。[②]在国内公共服务机构提供的支持和服务中，ZY 觉得最有帮助的是政策引导。而在获取海外投资机会的信息时，ZY 股份主要依靠企业自身，在海外开发新项目。

对 ZY 股份而言，海外拓展面临的最严重制约有三方面：一是国内外文化差异大，二是对目标国的经贸、劳保、税收等政策不熟悉，三是国内同行业在海外恶性竞争。针对这些问题，企业在国际经营中最需要的服务是优质客户介绍、国际市场信息提供以及对象国法律法规服务。但在实际经营中，只有地方政府曾为企业提供过服务。此外，政府驻外领事馆也曾为企业提供过服务。

（2）东道国制度环境

东道国的制度环境对 ZY 集团海外投资地点的选择方面影响很大。一方面，在选择投资地的过程中，风险因素是考虑的首要因素。ZY 集团重点考察东道国贸易和税收政策的稳定性、合约风险、东道国安全审查、国有化风险、政治稳定性、劳资风险。另一方面，企业对外投资的目的中很重要的一项是利用国外良好的制度环境，比较倾向于选择制度条件较好的地方。因此目前的投资重点和未来的投资方向都集中在发达国家。

综上而言，本章对四个典型企业的案例从企业情况、境外投资情况、母国政策影响和东道国制度影响四方面做了详细的描述和分析。下一章将在此基础

---

① ZY 股份：《ZY 股份 2011 年年报》，http://www.cfi.net.cn/p20120426002494.html，2012 年 4 月 26 日。

② ZY 股份：《江苏 ZY 股份有限公司关于获得政府补贴的公告》，http://q.stock.sohu.com/cn/gg/116/991/11699182.shtml，2012 年 12 月 28 日。

上对四个案例展开比较分析，并进行理论总结。

（3）风险管理

ZY 股份对海外投资项目的风险管理主要体现在对投资项目和投资地点的慎重选择上。

在选择投资地的过程中，风险因素是 ZY 股份需要考虑的大问题。东道国贸易和税收政策的稳定性、合约风险、东道国安全审查、国有化风险、政治稳定性、劳资风险都是企业重点考虑的因素。以公司最近的一项投资为例，2011 年 5 月，ZY 股份以 323 万美元的价格收购了 Effisolar 能源公司在美国新泽西州的 19MW 光伏电站项目。管理层认为，由于这个项目位于政治情况稳定的美国，它所面临的政治风险、合约风险、政策波动风险都极低。

在投资项目上，ZY 把重点放在光伏产业链的后端即光伏电站的建设上。因此，面对多晶硅材料、电池组件等上游原材料和组件价格严重下滑的局面，光伏电站没有受到严重影响，反而能享受原材料价格下降的惠利，建设成本有所降低，在光伏产业链中保持较强的盈利能力。而且欧美国家的光伏电站补贴政策在电站并网时就已确定，而且有较稳定的政策预期，费用也不依赖政府，而是由当地电力公司付费，基本上没有支付的风险。对于已建成的电站而言，汇率波动是影响收益的主要因素，而汇率变化相对平缓。①

ZY 集团在投资后的运营控制和流程管理方面仍处于探索阶段，目前采取的风险管理措施仍比较简单。在公司内部，主要依靠尽量多雇佣当地人、与当地民众搞好关系、加强自卫与安保能力，同时购买海外投资保险。在公司外部，也会加强与中国使馆、驻外商业机构和有关部门的联系，同时取得东道国政府的支持协助。

若在海外遇到当地雇员罢工或劳动纠纷，企业倾向于在内部解决，而不寻求外部的帮助。在过去 3 年内，ZY 股份在投资地遭遇过 1—2 次罢工。

---

① 袁源：《ZY 股份海外光伏电站收益稳定》，《证券时报》，http://news.xinhuanet.com/energy/ 2012-12/25/c_124142657.htm，2012 年 12 月 25 日。

7.1.2 企业境外投资行为

1. 投资动因

根据对企业境外投资目的的统计分析，企业对外直接投资的动因可以分为内在的拉力和外部的推力。内在的拉力是指企业自身希望对外投资的原因，主要包括以下几个类型：市场导向型（回避国内市场的需求饱和）、技术导向型（学习国外先进技术）、资源导向型（获取自然资源和原材料）和效率导向型（希望降低生产成本）。外部的推力是指为了利用或回避国内外的各种政策和制度因素而进行境外投资，主要包括利用中国政府的“走出去”政策；规避国内不良的制度环境约束，即“制度逃逸”现象（Witt & Lewin，2007）；利用东道国的优惠政策和制度环境；以及规避海外贸易壁垒。

案例中这几个企业的境外投资具有不同的投资动因。H 公司的境外投资侧重于学习发达国家的先进管理经验和在完全市场化的环境中经营电力产业的经验，属于技术寻求型。在推力方面，H 公司着重希望能够利用发达国家先进的制度环境和完全竞争和市场空间。而且作为国有大型电力公司，中国政府在其走出去的过程中也给予了一定的支持。SJL 则是以利用境外资源为主要动机，希望在澳洲开掘的煤矿能够保证国内电厂的稳定运行，是资源寻求型。外部推力的作用不明显。XW 目的在于进入境外市场，利用广阔的海外市场资源，是市场寻求型。国家战略在 XW 走出去的过程中扮演了至关重要的推动作用。ZY 集团的海外投资以获取市场和降低成本并重，偏向于市场寻求型和效率寻求型。利用中国境外投资政策也是 ZY 集团投资的重要推动因素之一。

因此，本文的问卷调查和案例比较研究表明，中国企业境外投资比较市场化，主要由内因而非外因驱动，是市场拉动型而非政策推动型。

2. 投资类型

从投资地区在发达国家或发展中国家以及投资规模大小这两个维度，可以把中国企业的海外投资行为划分为四种类型。根据第四章的数据分析，目前在这四种类型中，中国企业在发达国家的大规模投资是最少的，大部分投资集中于发展中国家，而且以小规模投资为主。

表 13 企业境外投资类型划分

投资规模 \ 投资地区	发达国家	发展中国家
较大	（I）：H 公司	（III）：XW
较小	（II）：SJL、ZY	（IV）

案例中的四个公司分别属于其中的三种类型。H 公司、SJL 和 ZY 的投资都集中在政治稳定、制度规范的发达国家，而 XW 则侧重于发展中国家和地区市场。H 公司和 XW 的投资规模很大。H 公司单是香港分公司在澳洲的投资就已超过 10 亿美元，XW 集团在乌克兰的一个项目就能达到 14 亿美元的投资规模。而 SJL 和 ZY 的投资规模较小，SJL 在澳洲的项目投资额 3600 万澳元，而 ZY 在全球市场的境外投资总额一共才 3 亿美元。

另外，在投资时间上，H 公司和 XW 都属于中国企业“走出去”的“先行者”，在十年前左右就开始了境外投资行为。不同的是，H 公司由于较为审慎，而且有较为明晰的国际化战略，所以投资项目一直较为成功。而 XW 由于自身能力和意识的局限，在境外投资的早期有过一段失败经历，在失败中积累了经验。而 SJL 和 ZY 则是在较晚的时候才投入“走出去”的洪流中，属于“追随者”。

投资方式上，H 公司和 SJL 都是采用并购的方式，购买当地已有的企业的股权。ZY 则多是采用全资新建的形式，靠自己的技术能力在国外建立和运营太阳能电站。XW 则同时采用了两种方式，收购当地小运营商或者与当地第三方公司合作成立新的运营商。

3. 风险管理

风险管理分为风险意识和风险管理能力两个方面。风险管理意识是指企业对自身在境外投资中可能遇到的风险的认识和估计，在投资的过程中能够考虑到潜在风险可能带来的后果。这是企业进行风险管理的前提。风险管理能力是指企业在具体的投资过程中识别风险因素、进行风险评估、针对潜在风险制定风险管理和预防策略以及在风险发生时积极应对以减小损失的能力。根据这两个维度可以把企业风险管理的情况分为表 14 所示的四种类型。

表 14　企业风险管理情况分类

风险管理能力 风险管理意识	强	弱
强	（I）风险管理较好：H 公司	（II）风险管理一般：SJL、ZY
弱	（III）风险管理一般	（IV）风险管理较差：XW

H 公司在这两个方面做得都较好，属于类型 I。在投资决策时，H 公司选择了较为稳定的发达国家为投资地点。而在项目投资和项目运营的过程中，H 公司建立了一套全面的风险管理和监控体系，以支持境外项目的日常运营，风险管理能力较强。

SJL 和 ZY 集团综合风险管理水平一般，属于类型 II。它们有非常强的风险意识。两家企业在决策的过程中都把东道国政治稳定性和制度风险作为首要考虑的因素，避免在政治风险较大的国家进行投资。但是风险管理的能力方面则较为薄弱，基本没有建立起完善的风险管理手段。SJL 在澳洲项目仍处于勘探期，管理人员很少。而 ZY 集团目前采取的风险管理措施仍比较简单，在公司内部主要依靠尽量多雇佣当地人、与当地民众搞好关系、加强自卫与安保能力，同时购买海外投资保险。

XW 的风险管理意识和风险管理能力都较弱，属于类型 IV。由于其境外投资有国家战略引导的因素，而且更加重视在发展中国家的市场资源，所以 XW 在境外投资的过程中较少考虑政治风险因素。风险管理也主要依靠当地合作的第三方公司进行本地化运营。不过由于与母国和东道国政府的关系都较好，所以 XW 的境外投资项目目前也很少遇到风险情况。

4. 影响因素

企业的对外直接投资行为在动因、类型和风险管理水平方面表现出了上述差异，这是由于企业内部因素和外部制度环境共同造成的。下面将通过四个企业案例的对比，分析这两大方面的因素对企业境外投资行为的影响。

本研究表明，企业性质与企业能力是企业内在的最本质属性。这两者既影响了企业对于境外投资收益的预期情况，也影响了企业对于外在的正式和非正式制度环境的响应方式。按这两个维度可以将境外投资的企业主体划分为四种类型：大型国企和央企由于自身规模庞大、实力雄厚，又能得到国家政策的支持，综合能力较强，属于类型 A，以 H 公司为代表。中小型的国有企业在人员、资金、管理水平等各方面实力都较弱，属于类型 B，以 SJL 为代表。少数民营企业由于自身背景和经营主业的原因，能够得到国家战略和政策的大力支持，实力也比较雄厚，属于类型 C，以 XW 为代表。大部分民营企业规模比较小，企业能够动员的综合能力较弱，属于类型 D，以 ZY 集团为代表。

表 15 企业类型划分

企业性质 / 企业能力	国有企业	民营企业
较强	（A）大型国企：H 公司	（C）大型民企：XW
较弱	（B）中小型国企：SJL	（D）中小型民企：ZY

从分析结果来看，企业性质对于企业海外投资规模有很大影响。国企的境外投资能力比较强，大于 1 亿美元的投资多为国企的项目；而民企多集中于 500 万美元以下的小规模投资。但纯粹的数据分析不能解释企业性质其他方面的作用以及作用的内在机理，因此下面从案例分析来进行阐述。H 公司属于纯粹的国有企业，ZY 是纯粹的民营企业。SJL 是国有控股企业，由国投公司控股，属于国有股份制公司。XW 集团也属于股份制的公司，国有资本只占不到 20%。但 XW 有其特殊性，它是国有资本为了方便海外拓展而以民企的方式运营，要让国有资本以民营资本的面貌“走出去”，它肩负着一定的国家使命。

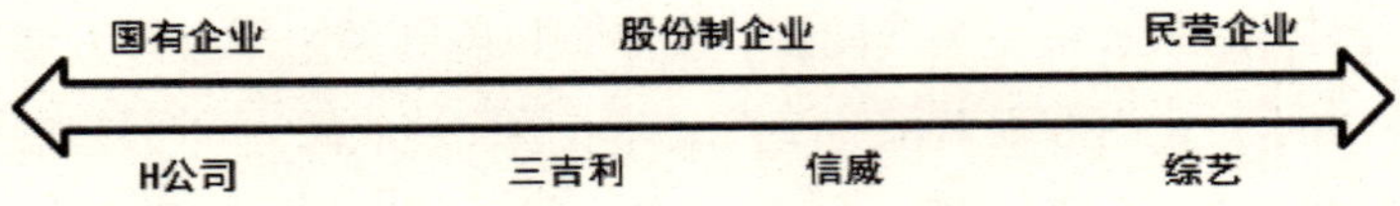

图 43　案例企业产权性质的频谱分布

企业性质对境外投资的动因有一定影响。总体而言，企业的境外投资行为还是比较市场化的，不管是国企还是民企都主要由企业自身的内在拉力所拉动。但具体而言，国企更偏向于资源或技术寻求型，而民企更偏向于市场或效率寻求型。这是由于国企受国家战略影响更大，希望补充国内能源资源的不足，获得先进技术和经验以促进产业升级；而民企对经济利益更为看重，更希望在海外开拓市场获得利润，或是通过境外投资降低企业经营成本。而且对于大型国企而言，外部推力的作用比普通民企更为明显。典型民企如 ZY 集团在投资决策中市场的逻辑更强，以经济利益为导向。而国有资本境外投资则受到更强的政治动因的影响，投资决策中政府的逻辑很强。H 公司的境外投资一方面是为利用中国政府的境外投资政策优惠，另一方面是为了利用国外的制度优势，利用发达国家完全竞争的市场环境；而 XW 是特殊的“民企”，承载着国家战略的要求，对外投资有政治因素影响。

从企业能力来看，H 公司作为国有大型电力企业，有雄厚的资金实力、较为先进的管理经验和较高的战略眼光。XW 拥有领先的技术优势，而且由于其特殊背景，能够得到国家很大力度的支持，增强了其各方面能力。SJL 作为中型国企，资金规模比较有限，因此在投资的过程中需要借助其他力量，比如将一些投资金额较大的好的项目推荐给国家投资公司与河南煤炭化工集团等大型国企，承担起海外能源项目与国内资金的沟通桥梁工作。SJL 的优势在于决策、人力组织、资金到位、执行力等方面。ZY 作为典型民企，资金、人才各方面能力较为不足，但有着较灵活的管理体制和决策机制，又能够避开国家针对大型国企资金使用的繁杂审批手续。其领导人作为国家政协委员和人大代表的身份也给企业与政府的关系带来良性的影响。

企业能力对企业境外投资时间有很大影响。能力较强的企业在境外投资中扮演的是“先行者”的角色。由于它们在国内的发展过程中积累了更多的实力，有先发优势，站的位置也更高，因此能够在国家开始鼓励境外投资之初就投入进去。H公司有很早就确立了国际化的战略，开始了境外拓展。XW则是凭借自己的技术优势，希望占领海外投资的先机。而能力较弱的企业则大多要进行一段时间的观望，等到国际化的趋势逐渐明朗、国内政策支持力度逐渐加大、自身实力也发展到合适的程度才开始海外投资。SJL到2011年才决定“走出去”，ZY也是在2009年才开始投资海外光伏电站。

7.1.3 综合分析

研究发现，将企业性质因素和企业能力因素综合起来考虑，才能对企业境外投资行为做出更好的解释。

首先，企业性质与企业能力综合影响了企业的投资类型。总体而言，具有国企背景的大型企业能够进行较大规模的投资。中小型国企和典型民企能力较弱，境外投资的规模较小。投资地区上，中小型国企和典型民企更多地考虑投资潜在风险因素，倾向于政治稳定的发达国家。大型国企由于受到国资委等部门的严格监管，对国有资产保值增值要求较高，也很注重政治风险。而一些具有国有资金背景的企业受到国家战略目标的驱动，对战略的考虑大过对利润的考虑，更倾向于在发展中国家开拓市场。这一点与我们在调查问卷中所得出的结论是相一致的。

其次，企业性质与风险管理水平的关系并不是单纯线性对应的。以往的研究大多认为，国企投资风险由政府来买单，企业管理者不用为决策失误承担巨额投资损失，因而缺乏有效的激励机制使企业谨慎做出投资决策、认真控制投资风险，因此风险管理意识和能力都较弱。相反地，民企只能通过自身不断努力调整投资决策和风险管理模式，以适应日趋激烈的市场竞争，因而有很强的灵活性和适应力，风险管理能力强，投资决策更为谨慎。但实际上并非国企就都有预算软约束而风险意识弱，忽视风险控制，民企也不一定具有较高风险管理能力，还要与企业能力和其他因素结合起来考虑，不同类型的企业风险管理意识和能力有差别。

民营企业和能力较弱的国有企业一般都有较强的风险管理意识。由于自身实力不足，在境外进行能源资源与基础设施这种大规模投资的时候，一旦亏损则对企业经营的影响巨大，所以需要非常慎重地考虑。但这类企业虽然有风险管理的意愿，其风险管理整体能力却不强。能力较强的企业则不一定风险意识就强。有些大企业的国际化水平高、各方面管理制度完善，因此对风险的认知和判断也更到位，这类企业一般风险管理能力也较强；而像 XW 这种类型的公司，有一定的国有资产背景，得到国家战略的很大支持，风险管理意识不强，风险意识是风险管理能力的基础，因此这类企业风险管理能力也较差。

总体来说，国企承担着实现政府战略规划和实现企业经济利益的双重责任，政策对国企的支持力度更大。这种政策支持是政治和市场原因的结合，在考虑国家战略的基础上也会考虑经济利益，不只是无条件的预算软约束。比如在 XW 的案例中，获得国开行的贷款是有一定的条件的，必须先在东道国当地拿到运营牌照和频率，并做出可行性报告和风险评估报告。民企也能够在一定程度上得到政策的支持。比如 ZY 集团由于发展的太阳能产业是国家大力鼓励支持的战略性新兴产业，也拿到了地方政府数量相当的补贴。而作为国企的 SJL 由于项目比较普通，就没有得到相关贷款或补贴，而是完全依靠自有资金进行投资。

1. 东道国制度环境

利用东道国良好的制度环境或是规避海外贸易壁垒是企业境外投资的重要推动因素之一；虽然这不是企业是否进行海外投资决策的主要因素，但却主要影响了企业对东道国的选择。

东道国的正式制度环境对企业投资模式的影响主要体现于以下几个方面：

第一，政治风险和政策波动越小的地区对企业的吸引力越大。这一因素对典型民营企业和中小型国企的境外投资决策有很大影响；有些大型国企如 H 公司对政治稳定的考虑也很多；但对 XW 这种国家战略背景的企业影响不那么大。这可能是由于 XW 的特殊背景，其投资行为是国家战略的一部分，重视的是市场的获取，对利润特别是短期利润不是特别敏感。

第二，东道国良好的制度环境和政策能够吸引企业的投资。比如H公司进行海外拓展的重要目的就是利用发达国家完善的市场制度，通过投资学习先进技术和管理经验。ZY集团在境外建设太阳能电站的一大优势就是境外政府对光伏行业的补贴。

法制条件不完善或法制健全都有可能给企业境外投资造成不便。不论是问卷数据还是案例访谈得到的结果都表明，企业认为缺乏对东道国法律法规和潜在风险的了解是境外投资的三个最大障碍之一。在法制不完善的国家，存在着很大的合约风险。而在大多数法制完善的发达国家，对环保和劳工保护有着严格规定，对中国企业是很大挑战。为了规避这些风险，企业往往会聘用第三方的咨询公司、律所、会计师事务所来协助自己的工作。

第三，不同东道国的政治制度对企业境外投资行为影响不同。有些国家政府对于中国国有资本的进入十分警惕，特别是在采矿业或电信运营这种重要基础设施的项目上控制更为严格。这使得XW这样的企业在进行境外投资时必须进行一定的改造，使得国有资本在其中的比例降低，披上民企的外衣，才能顺利前行；或是采用SJL的方式，利用下属的民营控股公司来进行操作。然而在与我国关系较好的国家，情况则恰恰相反，有国有资本背景的企业反而更具优势。比如XW第三轮海外拓展中首次投资的柬埔寨与中国关系友好，而在俄罗斯的项目甚至被写入两国总理会晤中，降低了风险。

2. 非正式制度

非正式制度不是明文规定成文法则，而是社会生活中逐渐形成的一种约束，主要是指意识形态、文化习惯、伦理道德等。境外投资的东道国与中国之间的文化和社会环境差异将对企业境外投资造成障碍。东道国与中国之间的制度差异越小，越能够吸引企业到当地投资。

研究发现，在中国企业境外投资地点的选择中，东亚和东南亚占了绝对多数，是企业的首选。这些国家在政治稳定性和制度的完善性方面可能不如欧美发达国家。但这些地区与中国临近，又是华人聚居的地区，在文化基础和风俗习惯方面较为接近。一方面，很多产品和服务的生产和销售具有特定的地区和文化适应性，在文化制度差异巨大的国家投资可能出现水土不服。另一方面，国内企业对这些地区的情况更为了解，对其环境更为熟悉，海外经营会更便利。从案例上看，SJL 就明确表示放弃美国、俄罗斯、加拿大而选择澳大利亚的原因就在于澳洲与中国的关系更好，时差也小，有利于日常运营的便利和稳定性。

综合以上的分析可以看出，企业境外投资的动因、模式和风险管理水平构成了企业的境外投资行为，它是由企业内在的性质、能力和预期收益以及外部的正式和非正式制度环境两方面因素决定的。

值得注意的是，在境外投资的过程中，民企的身份不一定比国企更不利，两者具有各自的优势，面临的资源局限和激励机制相反而互补。一方面，虽然国企在境外投资的过程中能够得到中国政府更大的政策支持，但也面临更加严格的审批政策，需要受到国资委的监控，进一步拉长了审批时间，增加了不确定性因素。反而是民企的审批过程较为灵活，这为它们进行海外拓展赢得了宝贵的时间。另一方面，在某些政治制度与我国不同的投资东道国，当地政府对于中国国有企业的进入抱着一种更加警惕的态度。特别是在采矿业、电信运营等这种涉及国家经济命脉的行业中，国有资本的投资往往会以“国家安全问题”为由受到限制，此时民营资本的身份则具有优势。因此中国企业在境外投资的过程中往往会采取各种手段，灵活变通地运用国企与民企的身份来进行运营。比如 SJL 在投资申报时会通过下属的民营控股的股份制企业来进行。更为典型的是 XW 集团，由于投资的是电信这类比较敏感的重要基础设施，因此在投资过程中谨慎地处理国有资本的成分，以民企的身份进行操作。

另外，民企缺乏有效的政策支持，也较难利用政治关系获得进行海外投资的优惠条件，很难在合同执行的过程中依靠政治关系利用政治权力保证合同有效执行。因此民企就需要利用其他资源弥补这种不足，对社会资本和人力资本的依赖程度更高。一方面，有些民企像 ZY 集团一样，企业领导人进入人大、政协代表之列，一只脚跨入体制内，与政府保持良好的关系，以取得一些资源。另一方面，就像企业海外投资类型所揭示的，为数最多的投资模式是类型

IV，即向发展中国家的小规模投资。根据统计，这些投资中的大部分流向了东亚和东南亚。由于这些地方华人众多，民企往往具有良好的海外人脉基础，因此可以利用社会资本在一定程度上弥补政策支持的不足。

从政策上看，原来意在监督管理和统筹协调企业境外投资的审批政策，反而成了制约企业"走出去"的一大障碍。很多企业，尤其是国有企业，往往会通过种种办法规避这种烦琐的审批。现有的审批制度没有发挥其应有的作用。鼓励支持境外投资的政策种类单一，多集中在资金补贴方面，对企业人力资本和社会资本的积累作用不大，没有能够切实增强民营企业的投资能力和投资预期，也没能提高国企的风险管理水平。公共服务体系发挥的作用很有限，没有得到企业的认可。

7.2 政府应对视角的风险管理

2011 年 2 月中旬，利比亚发生的动荡和战乱引起了国际社会的密切关注，也导致了在利比亚的中资企业基本陷入了停顿状态。事件发生后，我国政府进行了积极响应，并从走出去的体制机制，以及领事保护机制建设等多方面进行了总结。

7.2.1 利比亚局势的演变①

1. 示威浪潮爆发，反对派逐步控制东部

利比亚人均 GDP 为 12100 美元，但国内贫富差距大，失业率达到 20%—30%，积累了很深的社会矛盾。受邻国突尼斯、埃及政权更迭影响，2011 年 2 月中旬至今，利比亚持续发生大规模群众游行活动，特别是在班加西等多数东部城市，反对派取得了控制权，决意推翻卡扎菲在利比亚实施长达 42 年的专制统治。

---

① 梁海峰、闫建涛、胡可愉：《利比亚战略对油气产业的影响》，《国际石油经济》2011 年第 4 期。

2. 联合国决议和多国部队空中打击

由于武器装备和组织上的绝对优势，政府军一度收复多座东部城市，直逼班加西。3月17日，联合国安理会通过1973号决议，决定在利比亚设立禁飞区，并要求有关国家采取一切必要措施保护利比亚平民免受武装袭击的威胁。此外，实施武器禁运和财产冻结的制裁措施，其中包括冻结利比亚中央银行和利比亚国家石油公司等利比亚实体的财产。当地时间3月19日晚7点，代号“奥德赛黎明”的西方军事行动开始，法国率先发动对利比亚的空袭，美、英军部署在地中海的军舰和潜艇向利比亚发射了110多枚“战斧”巡航导弹。通过法美英等国的持续打击，利比亚空军力量被摧毁，地空防御设施受到重创，坦克等重型陆军武器被成建制击毁。

3. 战事形成拉锯状态

2011年3月24日反对派成立临时政府，任命经济学家吉布里勒（Mahmud Dschibril）为临时政府总理。3月31日美国将军事行动指挥权移交北约。已经逐步适应空袭的政府军重新夺回苏尔特，在拉斯拉努夫、卜雷加、米苏拉塔等城市与反对派展开反复争夺。

7.2.2 中国企业的风险与损失

战乱后，受损的主要是与利比亚签订承包合同的企业，而中国企业多数签订的是工程承包合同，作为分包商，中国企业的直接损失不会超过合同金额的1/3。商务部去年2月称，当时共有27个中国企业工地、营地遭抢劫，蒙受大量损失。

2012年2月4日，商务部工作组赴利比亚评估安全状况，以确定中资企业重返事件，2月8日，工作小组完成评估认为，利比亚新政府尚未成立，安全形势仍不稳定，外国企业和人员的安全难以得到保障，因此不具备全面复工条件。

2007年中国企业开始大量奔赴利比亚承包项目，集中在基建、电信、石油天然气领域。到 2011 年 2 月利比亚动荡钱，中国在利比亚开展投资合作企业达到 75 家，人员超过 3.6 万人，涉及合同金额达 188 亿美元。央企在利比亚的损失是多方面的，包括固定资产损失、承包工程垫付款损失等。一些央企将设备材料留给了当地组织，或是对设备材料进行了妥善处理，对票据和技术文件进行了拷贝、照相和录像，为日后的索赔保留了证据。

表 16　部分中国企业在利比亚损失统计

企业名称	投资情况	损失情况	防控措施
中国铁道建筑工程总公司	沿海铁路及延长线（的黎波里—苏尔特）、南北铁路（黑谢—赛普哈）、西线铁路（的黎波里—加迪尔角），3 个工程总承包项目，合同总额 42.37 亿美元，目前已完成 6.86 亿美元	项目现场设备、材料的保全情况以及后续进展不确定，人员撤离费用	人员撤离，设备封存
中国石油天然气集团	2002 年进入利比亚，有 5 个子公司	未知	近 400 名员工全部撤离，设备封存
中国一冶集团有限公司	利比亚 EAST MELITA 地区 5000 套单元住宅和配套服务设施 EPC 工程总承包，米苏拉塔水泥厂生产线一期土建工程项目	2 个项目未完成合同金额约为人民币 51.31 亿元	人员撤离，设备封存
中国十五冶建设有限公司	承建 FWAM 水泥厂和 NALOUT 水泥厂两个工程项目	未知	投保过
中国建筑工程总公司	2007 年进入利比亚从事工程承包项目，在施工程均为政府国民住宅项目，工程规模为 2 万套，累计合同额 176 亿，工期 40 个月，项目已完成工程量近半	撤回全部人员，项目暂时中止，人员撤离发生费用，项目待施合同额占公司合同总额的 1% 左右	

续表

企业名称	投资情况	损失情况	防控措施
中国水利水电建设集团公司	在建项目6个，总额17.88亿美元	暂停12亿美元的合同，减记2亿人民币资产*	2月16日区域总部通报各项目部提高警惕，经理部每天召开1次工作组会议
中建材国际装备有限公司	2009年10月28日签署日产4600吨熟料水泥厂土建和安装合同。该项目业主为ALHADENNA国营公司，合同总金额超1.5亿美元		
葛洲坝集团	7300套规模的房建工程，合同金额约55.4亿元	至公司撤离前仅完成16.8%的工程量	
中国交通建设集团有限公司	在利比亚有4893名员工**，48亿美元	撤退前对现场资料、设备等登记造册；与当地管理委员会，包括军方签订营地、设备和材料物资移交协议	总项目部2月8日开始应急准备，补充大量生产物资，储备一个月的应急生活物资，购置海事卫星电话作为应急通信工具，细化安全应急预案；15日启动预案，储备淡水油料，转移重要物资，设置关卡，开展模拟演练
中国水利水电建设集团、中国交通建设集团、中国葛洲坝集团公司等13家国资委监管的央企，以及华为、华丰、北京宏富等其他中资企业的损失正在统计中			

资料来源：

（1）《利比亚战争前中国企业在利比亚投资情况一览表》，http://finance.ifeng.com/news/special/zgqybly/，2014年1月16日；《从国别风险看利比亚中资企业损失》，www.kjxh.mofcom.gov.cn。

（2）*何丽：《中国企业重估海外投资风险》，《环球市场信息导报》2013年第8期。

（3）**《一切为了员工平安回家——中交集团利比亚员工撤离工作纪实》，http://www.crbc.com:8080/site/crbc/shzrsj/info/2011/313.html，2014年1月16日。

在利比亚危机爆发后，专业负责承保对外贸易和对外投资的中国出口信用保险公司（以下简称“中国信保”）紧急启动专项“理赔绿色通道”。3月18日，中国信保向葛洲坝集团、中国建材分别赔款1.62亿元和4815万元。3月28日，中国信保向北京建工集团、北京宏福建工集团预赔付首笔保险金分别为4631万元和8568万元。北京建工和宏福建工是北京市在利比亚仅有的两家总承包企业，2009年初开工建造15000套居民住房以及必要的配套设施，宏福建工于当年6月，北京建工于当年12月分别对建造项目投信用保险。据悉，北京两家总承包企业最终将获得超过3亿元理赔金。北京建工与宏福建工在利比亚危机中获得理赔金，得益于2009年北京市政府与中国信保签署《全面战略合作协议》。“加大出口信用保险承保力度和覆盖面，安排理赔绿色通道，实施快速理赔或预赔”正是协议的主要内容之一。

不过，中国企业在利比亚遭受的损失绝非保险赔付所能弥补。除了资产遭受损失，3万多名从利比亚撤回的劳工的安置以及不良债务的增加，也是中国企业面临的一大难题。分包模式也导致三角债问题凸显。

7.2.3 中国政府风险应对措施

利比亚事件发生后，中国政府陆续撤回了中国公民3.5万人，成为新中国成立以来最大规模的有组织测力海外中国公民的行动。2011年2月22日上午，国务院副总理紧急主持“国家撤离海外受困中国公民应急指挥部”第一次全体会议，外交部、商务部、公安部、卫生部、国资委等负责人参会，决定调用民航包机和附近海域中远集团运输船只、我海外作业渔船，携带必要生活和医疗物资，并金九租用大型邮轮和大客车，分批组织我包括港澳台同胞在内的驻利比亚人员安全有序撤离，要求“千方百计保生命安全、千方百计保国家财产安全、千方百计保国家利益”。2月25日，党中央、国务院下达了撤离在利中国公民的决定。25日上午，国务院应急办委托国家测绘局制作利比亚中资企业和人员情况分布图。并与希腊等国协调相关营救事宜。经过多方努力成功实施了对利比亚中方人员的撤离。

回顾整个利比亚危机事件，可以总结如下教训：

一是缺乏相应的预警信息，在2011年2月19日和22日，外交部和商务部分别首次发布关于利比亚危险局势预警信息之前，驻利比亚使馆经商处的网站没有显示出任何安全预警信息，而就在此前的2月15日，班加西发生了大规模游行示威活动，这也说明政府部门在对利比亚形势的判断上并没有体现及时性。

二是对利比亚是否属于高风险国家的判断的不一致。中国进出口信用保险公司作为国内唯一一家提供政治风险保险的公司，在其《国家风险分析报告》中，将利比亚的风险等级列为7级（最高为9级），属于风险较高地区；而在外交部编写的《海外安全风险评估报告》中并未将利比亚列为高风险国家。同样，在企业方面，对利比亚的国家风险也存在判断上的差异，认为只是存在合同履行和汇率兑换等风险，没有考虑到政治风险因素。

三是缺乏相应的政治风险预警机制。需要加强对外投资企业政治风险评估和预警，通过制定亏损准备金制度、与东道国签订双边投资保证协定、建立完善问责机制等措施规避政治风险（程燕，2012）。

第八章
主要结论与政策启示

8.1 主要结论

中国对外投资的政策框架对企业投资风险决策具有潜在的“外部化影响”，对国有企业的影响更大。中国走出去政策中的战略规划、审批程序、偏好性政策支持以及公共服务（信息提供）等都对企业行为产生了明显影响。除了提供公共服务外，多数现有政策对企业投资风险决策有潜在的“外部化”影响，并由此会降低企业对风险的敏感性和采取风险规避行为的激励。而且，不同类型的企业对现有的政策框架有不同的适应性。总体看来，国有企业会受到更多的影响，更倾向于在战略层面运作，受到更多来自经济安全战略规划以及烦琐投资审批程序等的影响。国有企业会获得更优惠的政策支持，而且更多参与投资和对外援助相结合的项目。因此，我们认为相对于民营企业，国有企业有关投资风险的决策更为外部化，对风险敏感度更低。

研究发现，相比民营企业，国有企业具有更高的风险偏好，倾向于投资高风险地区。投资决策受到政策导向影响的企业和得到偏好性政策支持的企业更倾向于投资高风险地区。企业对国家风险的判断与国际国家风险指南等第三方咨询机构的判断基本一致，表明企业投资高风险地区的偏好并不是由于信息的缺失或是风险认知的扭曲，即政策激励影响了企业风险决策。

研究发现，在政策激励和资源约束的双重作用下，相对于民营企业，国有企业更倾向于依靠政府，而非市场来降低风险。风险管理并不仅仅受到激励的影响，同时还受制于资源约束。国有企业拥有更多的资产和人力资源来管理风险。而且国有企业的审计和监督协议也激励他们更好地管理风险。

研究发现，关注度最高的是宏观经济风险，投资于美国的企业更关注国家安全审查风险，投资德国的企业更关注劳动纠纷风险。

在对风险的感知和对策方面，除了政治动乱和政府腐败以外，企业并不觉得治理完善的民主国家风险更小，尤其是劳动力纠纷、合同方不守约和安全审查或是政治阻挠风险，反而是在治理完善的民主国家中风险更大。而且，相对于宏观风险，企业认为在治理完善民主国家，政策变动和劳动力纠纷的风险更大，而在治理薄弱和专政国家，企业认为相对于宏观经济更大的风险是政治动乱和战争。从应对措施来看国有企业与民营企业的风险应对模式基本相似，但民营企业更能够应用市场和商业手段。这也说明了针对不同的国家和风险，有必要进行系统的评估，并制定分类指导。

8.2 政策启示

走出去的政策在出台后的十多年中，对鼓励中国企业走出去，帮助企业完善风险信息等方面发挥了重要作用，但在走出去主体日益多元化、国内外政治环境日益复杂的今天，政策对于降低风险仍具有一定的局限性，表现在对国有企业和民营企业差异化政策所带来的影响，即政策对企业行为的内生性影响等方面。

8.2.1 策外部化影响的内生化——激励机制的设计

我国现有的经济安全在某种程度上是以牺牲效率为代价的，投资决策和风险管理受制于国家战略目标或是审批流程的企业在对风险的响应方面要弱于完全内部化风险和收益的企业。由此产生的效率成本是代理人成本，我们可以将这些企业想象成承担委托人——中国政府——战略任务的“代理人”。而承担这一战略任务的往往是国有企业，这样的战略安排是否从国家整体经济效率来看是最优的，仍需要进一步的实证检验。

尽管战略计划对保障经济安全和国家发展具有重要意义，但政策制定者必须关注其对企业的激励作用，企业才是参与市场活动的主体。政策制定者必须限制对企业“走出去”过程中的规划和偏好性支持，企业获得的支持必须得到严格的监督和评估。基于此，我们认为一方面，应该清晰划分国有企业在走出去过程中承担的战略任务，或是对外援助业务。在战略性领域，鼓励国家在投资过程中提供风险评估服务，设计相应的保险机制，避免国有企业在战略领域与非战略领域之间形成交叉补贴。同时，在非战略领域，政策制定者应该限制他们作为公共产品提供者的作用，为所有市场参与者提供公平竞争的机会，使得企业将对外直接投资风险内生化到企业日常管理决策。降低国家支持的作用和非战略部门的规制将会减少东道国的怀疑和不信任，特别是在西方国家对中国跨国企业的不信任。

8.2.2 政策激励——国企和民企的后发性差异

国有企业与民营企业在所有权性质、投资政策等方面的差异使得两者在走出去过程中呈现出不同的发展模式。在考虑对国有企业与民营企业差异化政策的同时，不可忽略两者在资源约束方面的先天性差异，这种差异对政府设定政策激励机制具有重要意义。

对于国有企业，需要清晰定位其在对外援助中发挥的作用，根据国家援助重点的转移，调整相应的风险管理策略，同时，进一步简政放权，减少对国有企业非战略性项目投资审批流程，降低国有企业对政府的依赖性；对于民营企业，需要进一步加强政策引导，提升其自身对风险的应对能力；对于两者的共性，政府可以通过更好地提供有关风险的信息服务来引导企业的风险管理行为。

8.2.3 国别差异——政治与经济环境的影响

国际环境是政治风险（国别风险）形成的背景，国家关系、经济交往、社会文化都已经成为影响企业风险的重要因素。综合风险较低的国家并不意味着风险也低。因此，对于国家风险的不同类别特征，如发达国家中安全审查、劳动纠纷风险，以及发展中国家政治动乱等风险，需要在政策上进行区别引导。

针对发达国家的投资，需要进一步完善劳动力和贸易的合规性、合法性审查，注重参与技术标准、准入条件等贸易规则的制定，鼓励合格评定、认证认可等行为。

针对发展中国家的投资，需要扩大企业投资前风险评估的参与方，客观估计发生政治动乱等严重情况下的处置能力，做好企业在投资国的安全防范工作。同时，注重本地网络在资源、信息等多方面的积累工作。

8.3 后续研究探讨

一是现有分析数据仍只是2013年度的截面数据，对于连续数据的分析可能更能反映企业风险认知在时间上的连续性或是差异性，以及影响风险认知和风险管理行为的因素。同样，由于截面数据在分析中的局限性，我们很难对企业从认知到管理的决策过程做出因果判断。对于这一问题，本研究将继续跟踪现有被调查企业，以期获得可供进一步分析的连续数据。

二是企业的对外直接投资行为是一项复杂的系统行为，包含了一系列相互关联的决策过程，从风险的认知到风险决策过程不仅仅受到政治风险的单一影响，如何全面理解政治风险在企业对外直接投资决策中的作用，需要对企业的投资环境进行系统分析。

三是现有的案例分析部分仍存在一定的局限性，尤其是对于企业风险管理行为的分析，由于时间限制，在样本量上的代表性仍有一定的欠缺。后续的研究可以在细分企业类型和行业特征的基础上，将国家作为变量，进行跨案例的比较分析。

参考文献

1. United Nations Conference on Trade and Development. *World Investment Report 2013*, United Nations Publication, 2013.

2. 江小涓:《“十五”我国对外投资趋势研究：全球背景、投资规模与重点选择》,《管理世界》2001 年第 1 期。

3. 中华人民共和国商务部、中华人民共和国国家统计局、国家外汇管理局:《2012 年度中国对外直接投资统计公报》，中国统计出版社 2013 年版。

4. M. J. Melitz.The Impact of Trade on Intra-Industry Re-Allocations and Aggregate Industry Productivity, *Econometrica*, 2003, 71(6), pp.1695-1725.

5. E. Helpman, Marc J. Melitz, Stephen R.Yeaple. Export Versus FDI with Heterogeneous Firms, *American Economic Review*, 2004, 94(1), pp.300-316.

6. P. J. Buckley, L. Jeremy Clegg, Adam R. Cross, Xin Liu, Hinrich Voss, Ping Zheng. The Determinants of Chinese Outward Foreign Direct Investment, *Journal of International Business Studies*, 2007, 38(4), pp.499-518.

7. D. M. Reeb, Chuck C. Y. Kwok, H. Young Baek. Systematic Risk of the Multinational Corporation, *Journal of International Business Studies*, 1998,29(2), pp. 263-279.

8. J. D. Simon. A Theoretical Perspective on Political Risk, *Journal of International Business Studies*,1984, 15(3), pp. 123-143.

9. 李国学:《制度约束与对外直接投资模式选择》,《国际经济评论》2013 年第 1 期。

10. T. L. Brewer. Government Policies, Market Imperfections, and Foreign Direct Investment, *Journal of International Business Studies*, 1993, 24(1), pp. 101-120.

11. 李敬、冉光和、万丽娟：《中国对外直接投资的制度变迁及其特征》，《亚太经济》2006 年第 6 期。

12. T. Ozawa. Foreign Direct Investment and Economic Development, *Transnational Corporations*, 1992, 1(1), pp. 27-54.

13. 张娟、刘钻石：《中国对非洲直接投资与资源寻求战略》，《世界经济研究》2012 年第 3 期。

14. 韦军亮、陈漓高：《政治风险对中国对外直接投资的影响——基于动态面板模型的实证研究》，《经济评论》2009 年第 4 期。

15. 梁若冰：《政策因素对境外投资的介入及其效果——基于新加坡和中国台湾的案例分析》，《当代亚太》2006 年第 11 期。

16. 裴长洪、樊瑛：《中国企业对外直接投资的国家特定优势》，《中国工业经济》2010 年第 7 期。

17. 胡拥军、马强：《"十二五"时期"走出去"战略实施与政府行动框架的重构》，《当代经济管理》2011 年第 12 期。

18. Y. Aharoni. *The Foreign Investment Decision Process*, Cambridge, Mass., Harvard University Press, 1966.

19. I. Alon, Theodore T. Herbert. A Stranger in A Strange Land: Micro Political Risk and the Multinational Firm, *Business Horizons*, 2009, 52, pp. 127-137.

20. A. Chevalier, Georges Hirsch. The Assessment of the Political Risk in the Investment Decision, *The Journal of the Operational Research Society*, 1981,32(7), pp. 599-610.

21. D. A. Aaker, Robert Jacobson. The Role of Risk in Explaining Differences in Profitability, *The Academy of Management Journal*, 1987, 30(2), pp.277-296.

22. R. J. Rolfe, David A. Ricks, Martha M. Pointer, Mark McCarthy. Deternimants of FDI Incentive Preferences of MNEs, *Journal of International Business Studies*, 1993, 24(2), pp.335-355.

23. S. Kobrin. Political Risk: A Review and Reconsideration, *Journal of International Business Studies*, 1979, 10, pp.67-80.

24. N. A. Kyaw, John Manley, Anand Shetty. Factors in Multinational Valuations: Transparency, Political Risk and Diversification, *Journal of Multinational Financial Management*, 2011, 21, pp. 55-67.

25. K. C. Butler, Domingo Castelo Joaquin. A Note on Political Risk and the Required Return on Foreign Direct Investment, *Journal of International Business Studies*, 1998, 29(3), pp.599-607.

26. J. Dunning. Explaining the International Direct Investment Position of Countries: Towards A Dynamic Development Approach, *Weltweitschaftliches Archiv*,1981, 117(1), pp.30-64.

27. F. Schneider, B. S. Frey. Economic and Political Determinants of Foreign Direct Investment, *World Development*, 1985, 13(2), pp.161-175.

28. 张雨、戴翔:《政治风险影响了我国企业"走出去"吗? 》,《国际经贸探索》2013 年第 29 期。

29. J. D. Simon. A Theoretical Perspective on Political Risk, *Journal of International Business Studies*, 1984, 15(3), pp. 123-143.

30. Lizenziatenarbeit. Political Risk and Foreign Direct Investment, http:// kops.ub.uni-konstanz.de/bitstream/handle/urn:nbn:de:bsz: 352-opus- 1612/ 161_ 1.pdf?sequence= 1.

31. Hadjikhani Amjad, Joong-Woo Lee, Pervez N.Ghauri. Network View of MNC's Socio-political Behavior, *Journal of Business Research*, 2008, 61(9), pp. 912-924.

32. T. J. Chen, et al.. Foreign Direct Investment and Local Linkages, *Journal of International Business Studies*, 2014, 35, pp.320-333.

33. H. Kuo, L. Yang. A Dynamic Decision Model of SMEs'FDI, *Small Business Economics*, 2003, 20(3), pp.219-231.

34. 徐莹亮、路昊阳:《关于国别风险与主权风险的若干思考》,《新金融》2012 年第 3 期。

35. 邱立成、赵成真:《制度环境差异、对外直接投资与风险防范:中国例证》,《国际贸易问题》2012 年第 12 期。

36. J. A. Bradbury. The Policy Implications of Differing Concepts of Risk, *Science*, *Technology*, *&Human Values*, 1989, 14(4), pp.380-399.

37. O. Renn. Risk Governance: Towards an Integrative Approach, *IRGC whitepaper* No 1. IRGC, Switzerland, 2005.

38. 程燕:《中国企业“走出去”的政治风险防范：利比亚危机的启示》,《改革与战略》2012 年第 2 期。

39. 鄢雪皎:《我国企业“走出去”进军海外投资的政治风险及对策研究》,《 企业活力》2012 年第 5 期。

40. 牛克洪:《以预控机制规避“走出去”风险》,《中国煤炭报》2012 年 6 月 13 日。

41. 李湘玲:《浅议海外并购的风险 —— 中国企业“走出去”需谨慎》,《企业导报》2012 年第 7 期。

42. Li Quan, Guoyong Liang. Political Relations and Chinese OutboundDirect Investment: Evidence from Firm-and Dyadic-level Tests, *RCCPB WorkingPaper 19*, http://www.indiana.edu/~rccpb/pdf/Li% 20Liang%20RCCPB%2019%20Invest%20 Feb%202012.pdf.

43. O. Renn. *Concepts of Risk: A Classification*, Chap.3 in Social Theories of Risk by Krimsky S., Golding D., New York: Praeger, 1992, pp.53-79.

44. H. Markowitz. Portfolio Selection,*The Journal of Finance*,1952, 7(1), pp.77-91.

45. Q. H. Beazer, Daniel J. Blake. It's All Relative: Home Country Risk and FDI Flows, *Politics of FDI Conference*, *Neihaus Center for Globalization and Governance*, Princeton University, September 23-24, 2011.

46. Child John, Lu Yuan. Institutional Constraints on Economic Reform: the Case of Investment Decisions in China, *Organization Science*, 1996, 7(1), pp. 60- 77.

47. 卢进勇:《走出去战略与中国跨国公司崛起》，首都经济贸易大学出版社 2012 年版。

48. 张广荣:《中国“境外投资”基本政策发展演变》,《国际经济合作》2009 年第 9 期。

49. 董彦岭:《我国境外投资促进体系的制度演进分析:1979—2009》,《经济与管理评论》2012 年第 3 期。

50. Seung Ho Park, Shaomin Li, David K Tse. Market Liberalization and Firm Performance During China's Economic Transition, *Journal of International Business Studies*, 2006, 37(1), pp.127-147.

51. M. W. Peng, P. S. Heath. The Growth of the Firm in Planned Economies in Transition: Institutions, Organizations, and Strategic Choice, *The Academy of Management Review*, 1996, 21(2), pp.492-528.

52. 中国国际贸易促进委员会经济信息部:《中国贸促会“走出去促进计划”调研资料之二》,《中国企业“走出去”案例分析》2007 年版。

53. 王碧珺、王辉耀:《中国制造业企业对外直接投资:模式、动机和挑战》,载黄益平、何帆、张永生主编:《中国对外直接投资研究》,北京大学出版社 2013 年版。

54. Jiahua Che, Yingyi Qian. Institutional Environment, Community Government, and Corporate Governance: Understanding China's Township-Village Enterprises, *Journal of Law, Economics, & Organization*, 1998, 14(1), pp. 1-23.

55. 杜洵诚、严国海、孙林等:《中国近代国有经济思想、制度与演变》,上海人民出版社 2007 年版。

56. T. Hafsi, M. N. Kiggundu, J. J. Jorgensen. Strategic Apex Configurations in State-owned Enterprises, *The Academy of Management Review*, 1987, 12(4), pp.714-730.

57. 李文锋:《中国跨国公司现状、问题及对策》,《改革》2001 年第 5 期。

58. J. Zif. Managerial Strategic Behavior in State-owned Enterprises-businessand Political Orientations, *Management Science*, 1981, 27(11), pp. 1326-1339.

59. 黄速建、余菁:《国有企业的性质、目标与社会责任》,《中国工业经济》2006 年第 2 期。

60. S. Lioukas, D. Bourantas, V. Papadakis. Managerial Autonomy of Stateowned

Enterprises: Determing Factors, *Organization Science*, 1993, 4(4), pp.645-666.

61. 杨志远:《我国国有企业风险控制问题研究》, 四川大学出版社 2012 年版。

62. Mascarenhas Briance. Domains of State-owned, Privately Held, and Publicly Traded Firms in International Competition, *Administrative Science Quarterly*, 1989, 34(4), pp.582-597.

63. A. K. Sundaram, J. Stewart Black.The Environment and Internal Organization of Multinational Enterprises, *The Academy of Management Review*, 1992, 17(4), pp.729-757.

64. 曹元坤、王光俊:《国资委对权属企业风险管理的本质特征和模型构建》,《现代经济探讨》2011 年第 11 期。

65. 翁冉冉:《国有企业与民营企业 FDI 政治风险研究》, 湖北工业大学 2011 年硕士论文。

66. Aven Terje. On How to Approach Risk and Uncertainty to Support Decisionmaking, *Risk Management*, 2004, 6(4), pp.27-39.

67. G. Rice, Essam Mahmoud. A Managerial Procedure for Political Forecasting, *Management International Review*, 1986, 26(4), pp.12-21.

68. B. Mascarenhas, Clifford Atherton. Problems in Political Assessment, *Management International Review*, 1983, 23(2), pp.22-32.

69. J. D. Simon. Political Risk Assessment: Past Trends and Future Prospects, *Columbia Journal of World Business*, 1982, 17 (3), pp.62-71.

70. Reid W.Click.Financial and Political Risks in US Direct Foreign Investment, *Journal of International Business Studies*, 2005, 26(5), pp.559-575.

71. Dean Xu, Oded Shenkar. Institutional Distance and the Multinational Enterprise, *The Academy of Management Review*, 2002, 27(4), pp.608-618.

72. Igor Filatotchev, Roger Strange, Jenifer Piesse, Yung-Chih Lien. FDI by Firms from Newly Industrialized Economies in Emerging Markets: Corporate Governance, Entry Mode and Location, *Journal of International Business Studies*,

2007, 38(4), pp.556-572.

73. 林念：《从企业扬帆到政府起航——关于国际投资协定的讨论》，《国际经济评论》2013 年第 1 期。

74. 梁海峰、闫建涛、胡可愉：《利比亚战略对油气产业的影响》，《国际石油经济》2011 年第 4 期。

75. 陈继勇：《美国对外直接投资研究》，武汉大学出版社 1993 年版。

76. 陈莉：《日本中小企业对外直接投资优势研究》，吉林大学出版社 2009 年版。

77. 郭宏：《公共政策与中国企业的跨国投资》，《外交评论》2012 年第 4 期。

78. 蒋姮：《走出海外投资安全的雷区——冲突风险评估与管理》，中国经济出版社 2013 年版。

79. 李福胜：《中国企业"走出去"面临的国家风险研究》，《拉丁美洲研究》2006 年 12 期。

80. 李平、徐登峰：《"走出去"战略：制度形成与改革展望》，《国际经济合作》2008 年第 5 期。

81. 冼国明、杨锐：《技术积累、竞争策略与发展中国家对外直接投资》，《经济研究》1998 年第 11 期。

82. 张友棠：《中国企业海外投资的风险辨识模式与预警防控体系研究》，中国人民大学出版社 2013 年版。

83. 钞鹏：《对外投资的政治风险研究综述》，《经济问题探索》2012 年第 11 期。

84. A. Jimenez. Does Political Risk Affect the Scope of the Expansion Abroad? Evidence from Spanish MNEs, *International Business Review*, 2010, 19, pp. 619-633.

85. Mary Douglas, A. B. Wildavsky. *Risk and Culture: An Essay on the Selection of Technical and Environmental Dangers*,University of CaliforniaPress, 1982.

86. Paul Slovic, Baruch Fishhoff, Sarah Lichtenstein.Why Study Risk Perception?, *Risk Analysis*, 1982, 2(2), pp.83-93.